W0364842

RADIUS BÜCHER

Kurt Marti

O GOTT!

Essays und Meditationen

Im RADIUS-Verlag

CIP-Kurztitelaufnahme der Deutschen Bibliothek

Marti, Kurt:
O Gott! : Essays u. Meditationen / Kurt Marti. –
Stuttgart: Radius-Verlag, 1986.
ISBN 3-87173-728-3

ISBN 3-87173-728-3
© by RADIUS-Verlag GmbH Stuttgart 1986
Umschlag: Gerhard Schröder
Gesamtherstellung: Clausen & Bosse, Leck
Printed in Germany

Inhalt

Zu diesem Buch

»O Gott!« – Urruf, Anruf Gläubiger, Ausruf auch Ungläubiger, zugleich Anfang und Ende eines theologischen Nachdenkens, das darauf verzichtet, sich Gottes bemächtigen zu wollen.

In Freude oder Erschrecken öffnet uns der Ausruf »O Gott!« dem, was mehr und mächtiger ist als wir selbst, dem Geheimnis, das sich nicht entzieht, sondern entgegenkommt und Licht wird in Jesus, dem Christus. Ihm gilt es, nachzudenken, einmal reflektierend, einmal meditierend. Dementsprechend legt dieses Buch wechselweise Essays und Meditationen vor. Seit altersher mündete theologisches Nachdenken in Gebet und Meditation.

Theologisches Nachdenken also, freilich nicht nur für Fachgelehrte, zu denen ich, als ehemaliger Gemeindepfarrer, mich ebenfalls nicht zähle. Betreiben aber nicht jedermann, jedefrau, die Gott nach-denken, Theologie? Wörtlich heißt das Wort »Theo-Logie«: Reden von Gott. Solches Reden ereignet sich in jeder Gemeinde, wo Menschen – und nicht etwa bloß die Pfarrer – in ihren persönlichen oder gemeinsamen Erlebnissen und Erleidnissen nach Gottes möglicher Gegenwart und Zukunft zu fragen beginnen. In diesem Sinne enthält das vorliegende Buch theologische Essays für fragende Menschen.

Zu deutsch heißt »Essay« Versuch. Was ich hier anbieten kann, sind Versuche, über Gott nachzudenken in einer Zeit, die alles in Frage stellt – mit Gott auch uns selbst (und das nicht etwa nur ideell! Auf dem Spiel steht – o Gott! – die physische Existenz von uns allen und des Lebens überhaupt).

Die Meditationen wurden für dieses Buch formuliert. Die Essays sind meistenteils schon in schweizerischen Zeitungen und Zeitschriften (»Reformatio«, »Schritte ins Offene«, »Luzerner Neueste Nachrichten«, »Die Tat«, »Weltwoche«) erschienen oder haben Aufnahme in Sammelbände gefunden. »Hören als Grundform der Zärtlichkeit« war ein Beitrag zum Buch »Zärtlichkeit läßt Flügel wachsen. Für eine neue Lebensweise«. »›Mein‹ Jesus« erschien zuerst in dem Band »Was sagen die Leute, wer ich sei? Jesus und seine Pfarrer« (beide: Kreuz Verlag Stuttgart, 1985). »Glaube und Eros« ist dem Sammelband »Not-Wendigkeiten. Auf der Suche nach einer neuen Spiritualität« (Arche Verlag Zürich, 1985) entnommen. »Warum ich Christ bin« ist erstmals im Band gleichen Titels erschienen, den Walter Jens 1979 im Kindler Verlag, München, herausgebracht hat.

Und alles nun also, thematisch gebündelt, als Buch, in der Hoffnung, damit einige Leser und Leserinnen in ihrem Denken und Fragen anregen und in ihrem Versuch, trotz allem nach Gott auszuschauen, ermutigen zu können. Selber weiß ich am besten, wie sehr wir solche Anregung und Ermutigung durch andere brauchen.

Kurt Marti

I
Gott atmet in dir mehr als du selbst

Wie kann von Gott die Rede sein?

Theologie heißt wörtlich: Rede von Gott.

Wie aber kann von Gott die Rede sein?

Allein von der Erfahrung her, daß unsere Rede von Gott sich Gottes nie bemächtigen kann.

Mit jedem Satz, ja schon mit jedem Wort, grenze ich einiges ein, dafür bleibt anderes draußen. Niemand kann alles, kann das Ganze sagen.

Wenn ich »Gott« sage, grenze ich, da es sich um ein männliches Wort handelt, Weibliches aus. Würde ich »Göttin« sagen, bliebe das Männliche draußen.

Außerdem ist »Gott« eine Einzahl. Sie verleitet zur Vorstellung eines solitären und autokratischen Gottes. Unberücksichtigt bleiben die pluralen und kommunitären Aspekte. Soll man ab und zu wiederum von »Göttern« reden? Das wäre wohl noch mißverständlicher. Das Hebräische hat das Problem mit einer Sprachlist zu lösen versucht. Gott heißt dort »Elohim«. »Elohim« ist eine Pluralform, die jedoch als Singular verwendet wird. Auf andere Weise unternahm es der Engelsglaube, die pluralen und kommunitären Aspekte Gottes zu veranschaulichen. Und schließlich hat die christliche Theologie ihre Dreieinigkeitslehre entwickelt, die Gott als Communio, als Gemeinschaft, darstellt. Dahinter wittern Judentum und Islam, beide radikal monotheistisch, bereits Dreigötterei, Vielgötterei.

Nur schon, wer »Gott« sagt, grenzt damit zwar einiges ein, anderes aber gleichzeitig aus. Von Gott kann ernstlich nur reden, wer weiß, daß Gott unser Reden von ihm beständig transzendiert, d. h. übersteigt.

Hinzu kommt, daß weder Gott noch wir, die Menschen, auf die Kategorie der Rede reduzierbar sind. Es war und bleibt eine Anmaßung mit verhängnisvollen Folgen, daß wir Menschen auf Grund unserer Redefähigkeit die Gottesbeziehung für uns haben monopolisieren wollen. Doch was wissen wir schon vom nichtverbalen Umgang Gottes mit den Tieren, den Pflanzen, der Materie? Leben nicht unsere Körper mit ihren mindestens fünf Sinnen ebenfalls in diesem außer-verbalen Bereich? Wäre es denkbar, daß mit den Tieren, den Pflanzen auch unsere Körper und Sinne oft unmittelbarer zu Gott sind als Gedanken, als Worte? Das sind Fragen, die offen bleiben, unser Reden von Gott aber begleiten wollen. Jedenfalls gibt es in allen Religionen auch Körper- und Symbolsprache, gibt es sinnenhafte Rituale oder Sakramente, welche der Rede von Gott nicht selten vorausgehen, ihr ebenso oft auch folgen und überleiten zu Gebet und leibhaftiger Praxis.

Wie kann nun aber von Gott so die Rede sein, daß diese Rede, obgleich sie »Stückwerk« bleiben muß (1. Korinther 13,12), dennoch wahr ist? »Wahr« soll hier bedeuten, daß in der Rede von Gott auch wirklich von Gott und nicht unter der Hand oder unter dem Wort plötzlich von ganz anderem die Rede ist.

Insbesondere droht der Rede von Gott beständig die Gefahr, daß sie zum Instrument irgendwelcher Ideologien wird oder dazu gemacht wird. Soweit Theologie eine Wi-senschaft ist – und das ist sie in ihren exegetischen und historischen Disziplinen auf jeden Fall –, hat sie die Aufgabe, kritisch darüber zu wachen, daß mindestens die kirchliche Rede von Gott nicht ideologisch wird. Unter »ideologisch« verstehe ich jede Rede, in der Gott als Instrument eines bestimmten Machtwillens erkennbar wird. Bei uns Einzelnen ist dies immer dann der Fall, wenn wir unsere tatsächliche oder unsere erträumte Macht auf Gott projizieren, damit natürlich auch unsere Urteile und Vorurteile. Ähnlich neigen Kirchen und religiöse Gruppen dazu, Gott mit ihrem geistlichen und weltlichen Einfluß zu identifizieren. Nationen, man weiß es, verwandeln Gott gerne in einen Nationalisten, Sexismus und Rassismus ideologisieren ihn zum Verteidiger ihrer Vorurteile und Vorherrschaften.

Stets bedeutet Ideologisierung also: die Rede von Gott wird zum Instrument eines individuellen oder kollektiven Willens zur Macht. Dies bringt heute selbst Begriffe wie »Herrschaft Gottes«, »Macht« oder »Allmacht Gottes« in Ideologieverdacht, verraten sie doch ein patriarchales Denken: der Mann formt sich Gott nach seinem Bilde, nach dem Bilde seiner eigenen Herrschaft. Plötzlich zeigt die Rede von Gott einen sexistischen Pferdefuß.

Wie kann, trotz beständiger Bemächtigungsversuche durch Ideologien, die Rede von Gott dennoch immer wieder wahr werden?

Dadurch vor allem, daß der Rede von Gott das Hören auf früheres und anderes Reden von Gott vorangeht.

Theologie ist weithin ein sorgfältiges, mit den Mitteln der exegetischen und historischen Wissenschaften verfeinertes Hinhören auf das, was andere bisher von Gott erfahren, geredet, geschrieben haben. *Christliche* Theologie hört zunächst einmal auf jene Rede von Gott, wie sie in der jüdisch-christlichen Tradition vernehmbar wird, am grundlegendsten in der Bibliothek der biblischen Schriften, dann aber auch in der Kirchen- und

Ketzergeschichte. Dem Hören auf diese Tradition dienen die biblischen Sprachen Hebräisch und Altgriechisch sowie die jahrhundertelange Kirchen- und Literatursprache Latein. Das sind, sagt man, tote Sprachen, weil sie nicht mehr gesprochen werden. Die Theologie benutzt diese Sprachen jedoch nicht zum Sprechen, sondern gleichsam als Hörorgane, um mit ihnen die biblischen und altkirchlichen Texte genau abhören zu können. Wie hilfreich das sein kann, zeigt sich heute z. B. in der Friedensdiskussion, wo die Theologie auf den alttestamentlichen Begriff »Schalom« zurückgreifen kann, der in seiner Bedeutungsfülle und Lebensnähe unser Wort »Frieden« übertrifft. Dennoch wird immer wieder etwa gefordert, das Theologiestudium von den alten Pflichtsprachen zu entlasten. Zweifellos sind im Horizont der Ökumene Englisch-, Französisch- und Spanisch-Kenntnisse ebenfalls wünschbar geworden. Sicher bleibt, daß für die Theologie Sprachkenntnisse jeder Art unentbehrlich sind. Allein das Hören auf anderes Reden von Gott kann die eigene Rede von ihm korrigieren und sie vor Ideologisierungen bewahren. Theologie ist deshalb eine Disziplin, vielleicht sogar eine Kunst des Hörens. Das sollte, das könnte sie davor bewahren, unversehens hörig zu werden gegenüber einer Rede von Gott, die punktuell nur gerade aus Stimmungen des Augenblicks schöpfen will.

1933 meinten in Deutschland manche Christen, im nationalsozialistischen Aufbruch Gottes Atem spüren zu können. Hingerissen von der Zeitstimmung stellten sie ihre Rede von Gott in den Dienst einer radikal antijüdischen Ideologie. Einige andere Christen, die nicht auf die Zeitstimmung, sondern unbeirrt auf die Stimme der Bibel hörten, hielten daran fest, daß die biblische

Rede von Gott nun einmal auch eine jüdische Rede ist und bleibt. Diese bekennenden Christen waren eine kleine Minderheit, darum konnten sie gegen den Holocaust so wenig ausrichten wie danach gegen die rasche Remilitarisierung Deutschlands.

Heute droht ein Holocaust, der alles Geschehene auf ungeheuerliche Weise noch übertrifft. Und wiederum zeigt sich ein ähnliches Bild. Da sind auf der einen Seite Christen, die stellen ihre Rede von Gott unreflektiert in den Dienst der sogenannten Abschreckungsideologie, die für manche zum Glaubens- und Religionsersatz geworden ist. Und da sind andere Christen, die, auf die Stimme der Bibel hörend, erklären (z. B. in den USA), daß nicht erst der Einsatz von Atomwaffen, sondern bereits auch die Drohung mit ihnen unmoralisch und antichristlich ist. Damit wird die Rede von Gott entschieden abgekoppelt von einer derzeit noch herrschenden Ideologie, was neue Chancen eröffnet für eine Rede von Gott, die wahr ist und nicht bloß religiöser Verstärker eines bestimmten Willens zur Macht und zur Hegemonie.

Der Wille zur Macht kennt nur seine eigene Stimme und gibt sie als Rede von Gott aus. Dieser Art von Selbstvergottung wirkt ein historischer Umstand entgegen, der oft zu wenig bedacht wird. Ich meine die Tatsache, daß unsere eigenen europäischen Religionen verdrängt worden sind durch einen sozusagen importierten, fremden Glauben. Unsere einheimischen Götter sind gestorben, sind ziemlich tot. Der Gott, von dem, wenn überhaupt, die Rede unter uns geht, ist kein Einheimischer, er ist ein Einwanderer aus dem vorderen Orient, ein Gastarbeiter sozusagen. Die Rede von ihm kommt als eine fremde Rede zu uns, von außen und von weit her. Sie muß immerzu neu in unser Denken, in unsere Sprachen übersetzt werden. Bis in die Gemeindepraxis hinein bleibt Theologie deshalb Übersetzungsarbeit, in unserer Sprachsituation sogar eine doppelte Übersetzungsarbeit, denn die hochdeutschen Bibelübersetzungen, Liturgien und Theologien müssen ja auch noch in die Dialekte übersetzt werden! Erstaunlicherweise fehlen jedoch, so viel ich weiß, Untersuchungen über die Rede von Gott in unseren Mundarten oder über die Veränderung hochsprachlicher Rede von Gott durch die mundartlichen Umgangssprachen.

Als fremde Rede kommt übrigens auch die fernöstliche Rede von Gott zu uns, auf die nicht wenige heute hören möchten. Ebenfalls gilt dies von der indianischen Rede von Gott, die im Zusammenhang mit der ökologischen Bewegung jetzt wiederum Hörer findet und dies gerade unter den Nachfahren der weißen Rothautjäger.

Was bedeuten nun all diese seltsamen Einwanderungen eines fremden Redens von Gott oder des Redens von einem aus der Fremde kommenden Gott? Sie besagen immer von neuem, daß Gott nicht identisch sein kann mit uns selber, mit unserem eigenen Wesen, an dem die Welt nicht genesen kann. Wahr wird eine Rede von Gott, wenn sie ihn als den andern, den Fremden bezeugt. Das heißt: erst wenn Gott uns auch in anderen Menschen begegnet, die vielleicht eine andere Sprache sprechen und andere Denkformen, andere Gewohnheiten haben, ist er kein Ego-Götze, kein Gruppen- oder Stammesidol mehr, sondern der universale, der ökumenische Gott, dessen Einzigkeit nicht exklusiv, sondern inklusiv, nicht uniform, sondern multiform ist. Deswegen ist aller Fremdenhaß immer auch Abkehr von Gott, sind Feindbilder Götzenbilder. Oder umgekehrt gesagt: eine Rede von Gott, die wahr ist, wird alsbald zur Friedensrede und führt auf den Weg der Konfliktregelung, des ausdauernden Gesprächs.

Neuerdings wandert in die vertraute Rede vom männlichen Gott die uns noch fremde Rede von der Göttin ein. Zu Recht behauptet die feministische Theologie, ein nur männlich gedachter Gott sei keineswegs universal und ökumenisch. Christa Mulack fordert deshalb, »daß es genauso legitim und selbstverständlich sein muß, von der Gottheit als Mutter, Tochter und Heiligem Geist zu reden, wie man heute noch die Trinität von Vater, Sohn und Heiligem Geist lehrt«. Sonst nämlich laufe alles doch nur wieder »darauf hinaus, das Weibliche einem männlichen Gott einzuverleiben, wie dies bereits seit Jahrtausenden geschieht, ohne daß durch den Glauben an einen solchen Gott die Menschheit menschlicher geworden wäre.« (Christa Mulack: Die Weiblichkeit Gottes. Matriarchale Voraussetzungen des Gottesbildes, Stuttgart 1983, S. 17)

Wie fremd eine solche Rede nicht nur, aber auch von der Göttin, nicht nur, aber auch von Mutter, Tochter und Heiligem Geist mir selber noch ist, verrät deutlich, wie stark ich eben von der unreflektiert patriarchalen Theologie »der Väter« geprägt bleibe und wie sehr wohl unser aller Rede von Gott durch diese Tradition vorgeformt ist.

Gerade die Befremdlichkeit, ja Fremdheit einer Rede auch von der *Göttin* Gott bedeutet aber eine Herausforderung der heutigen Theologie, die, genau wie die anderen Wissenschaften, das Produkt eines einseitig männlichen Weltverständnisses und einer dominant männlichen Weltbemächtigung ist. Der männliche Wille zur Macht hat unsere Vorstellung von Gott und von Gottes Tun ideologisch bestimmt. Ich frage mich, ob nicht das der Grund ist, weshalb sich das Christentum mit der Botschaft Jesu, z. B. mit der Bergpredigt, so schwertut. Der Inhalt der Bergpredigt (Matthäus 5–7) paßt eher schlecht zu jener in der Mundart noch immer beliebtesten Vorstellung und Bezeichnung Gottes als »Herrgott«. »Fraugott« entspräche der Bergpredigt schon eher, etwa in dem Sinne, wie Jean Gebser einst dem heraklitischen Satz »Der Krieg ist der Vater aller Dinge« den anderen Satz entgegengestellt hat: »Der Friede ist die Mutter aller Dinge.« (Christa Mulack, a. a. O., S. 41)

Von Gott, glaube ich, kann inskünftig nur die Rede sein, wenn wir mit der Einsicht der englischen Mystikerin Juliana von Norwich (1342 – nach 1416) endlich ernst machen: »So wahr Gott unser Vater ist, so wahr ist Gott unsere Mutter.« Unsere Fragestellung müßte deshalb ausmünden in die neue Frage: »Wie kann von Gott auch als Göttin die Rede sein?« Das zielt nicht auf eine vertauschte Einseitigkeit. Ziel wäre vielmehr, wie der Philosoph Franz von Baader (1765–1841) am 7. Mai 1832 in einem Brief formuliert hat, die »vereinte Männlichkeit und Weiblichkeit – wohin alle Religion, alle Weisheit, alle Kunst wollen.« Es geht, mit anderen Worten, um die Universalität der Gottheit.

Anstatt von Universalität kann man ebenso wohl von Ganzheit sprechen. Alttestamentlich heißt das Wort hierfür »Schalom«, was gewiß »Frieden« bedeutet, Frieden aber im Sinne einer umfassenden und gleichsam »vernetzten« Ganzheit, die nicht Uniformität, sondern reiche Vielfalt in immer bewegtem Austausch bedeutet, Kommunikation also. Die christliche Dreieinigkeitslehre, ich deutete es anfangs an, ist ein Versuch gewesen,

Gott als »Schalom«, als kommunikative Ganzheit, zur Sprache zu bringen. Der Mangel der Trinitätsaussage ist ihre ausschließliche Männlichkeit. Insofern verfehlt sie das, was sie ausdrücken wollte, nämlich den göttlichen Schalom, Gott als Liebe, letztlich dann doch.

In anderer Hinsicht freilich ist die Aussage von Gottes Dreieinigkeit unübertroffen und bis heute revolutionär geblieben, weil sie gegenüber der Gottesvorstellung eines einsamen, eines monadischen und autokratischen Herrschers die Gottheit als lebendigen Beziehungs- und Gesprächsprozeß der Liebe zu formulieren versucht. Nicht ohne Grund leitet der orthodoxe indische Theologe Mar Osthathios seine Theologie der klassenlosen Gesellschaft von der Trinität ab. Seine These lautet: Weil Gott dreieinig, d. h. in sich selber herrschaftsfrei, ist, kann christliche Theologie nie etwas anderes sein als Theologie einer klassenlosen Gesellschaft. (Mar Osthathios: Theologie einer klassenlosen Gesellschaft, Hamburg 1980)

Am Beispiel der kühnen und bis heute nicht ausgeschöpften Dreieinigkeitslehre zeigt es sich, daß keine Sprache sich Gottes in seiner Ganzheit je wird bemächtigen können. Gerade als Wissenschaft, die mit den Möglichkeiten der Sprache unter dem Gesichtspunkt der Rede von Gott intensiv umgeht, erkennt die Theologie die Grenzen der Sprache. Gott bleibt allemal größer als jedes Reden von ihm. Deswegen muß die Theologie alles Reden ablehnen, das versucht, Gott durch bestimmte Sätze und Formeln in seinen Griff zu bekommen. So fromm solche Sätze und Formeln auch tönen mögen, machen sie aus Gott schließlich doch einen verfügbaren Götzen, aus dem Glauben eine Ideologie. Die Rede von Gott kann Gott gleichsam berühren und dadurch Leben von seinem Leben weiterleiten. Will sie Gott aber in ihren Griff bekommen, hat sie aufgehört, wahr zu sein. Anstatt von Gott zu reden, plappert sie Ideologie.

Dasselbe wie von Gott will vom Leben gesagt sein: bis in seine kleinsten, flüchtigsten Erscheinungs- und Erfahrungsformen hinein bleibt es immerzu größer als all unser Reden von ihm. Deswegen spricht die Theologie vom »Geheimnis der Welt«, das Gott heißt (so Eberhard Jüngel). Mit Geheimnistuerei oder gar mit Geheimniskrämerei hat das nichts zu tun, wohl aber mit dem Glauben, daß alles Leben Schöpfung und stets neues Zeugnis der göttlichen Liebe ist, uns weder beliebig verfügbar noch beliebig durch uns beherrschbar. Immer geschieht da unerwartet Neues, ereignet sich unberechenbar anderes, verwirrt uns seltsam Fremdes. Genau dadurch entspricht das Leben in der Welt seinem Schöpfer, der uns, ich sagte es schon, ebenfalls und immer wieder im andern, im Fremden, auch im Verdrängten, begegnet und gerade so seine Ganzheit, seinen Schalom kundtut. Diesen Gott und das von ihm geschaffene Leben wird der Mensch deshalb nie in seinen Griff bekommen können. Dem Versuch, dies dennoch zu tun, gelingt nur der Würgegriff, unter dem das Leben sein Leben aushaucht. Dieses tödlich ausgehende Unterfangen, das Leben und mit ihm Gott in den Griff bekommen zu wollen, findet in den neutestamentlichen Erzählungen und Deutungen der Kreuzigung Jesu seine vielleicht einfachste, zugleich eindrücklichste Darstellung. Zusammen mit den apokalyptischen Teilen des Neuen Testaments signalisieren die Passions- und Kreuzigungstexte die Möglichkeit einer Kreuzigung des Lebens überhaupt, in die sich der herrschsüchtige Zugriff nach seinem Geheimnis umkehren könnte. Da dieser Zugriff sich sprachlich vorbereitet, muß die Theologie, gerade auch als Wissenschaft, kritisch wachsam bleiben gegenüber bestimmten Wissenschaftssprachen, in denen sich ein unbegrenzter Wille zur Macht, zur Weltbemächtigung, ausspricht. Die Sprache dieses Machtwillens verwandelt die Welt und ihr Leben in ein verfügbares Objekt. Das aber ist die Welt so wenig wie es ihr Geheimnis, wie Gott es ist. Die Theologie muß sich deshalb hüten, in ihrem eigenen Reden der Sprache der Verdinglichung zu verfallen. Gott ist kein Ding, kein Objekt.

Wie also kann von Gott die Rede sein?

Erst jetzt sind wir in der Lage, die Frage radikal genug zu stellen. Mit der Formulierung »Rede von Gott« haben wir, was kein Ding sein kann, doch wieder verdinglicht, haben aus Gott ein Objekt gemacht, über das wir, als die Subjekte, syntaktisch verfügen. Und schon sind wir, wohin wir um keinen Preis wollten, nämlich in einem verfügenden Reden über Gott, das ideologisch alsbald verwertbar zu werden und leerzulaufen beginnt, weil es aus Gott, nach Leo Trotzki (in »Literatur und Revolution«), »eine sehr bequeme und leicht transportable dritte Person« macht. Diese dritte Person bewegt und betrifft unser Leben kaum noch.

Betroffen sind wir, mit Haut und Haar, mit Kopf und Herz, erst dann, wenn der Beredete zum Redenden, wenn Gott aus unserem Objekt zum Subjekt wird. Das beginnt, das ereignet sich im Gebet, dessen Anrufen, Anreden Gott die Ehre des dialogischen Subjekt-Seins gibt. Bereits der simple An- und Ausruf »O Gott!« nimmt dessen Subjekt-Sein oft ernster als gelehrte Bücher und Referate. Daran dachte vielleicht auch Thomas

Münzer, der Theologe der Erniedrigten und Geschundenen, als er schrieb: »Gott ist ein unaussprechlicher Seufzer, im Grunde der Seelen gelegen.« Früher haben theologische Werke oft mit einem Gebet begonnen oder geendet. Man mag das für vorwissenschaftlich oder gar für unwissenschaftlich halten. Dennoch aber enthält dieses Denk- und Sprachgefälle zum Gebet hin eine spezifische Theo-Logik, welche die Theologie nicht preisgeben darf, am allerwenigsten zugunsten eines wissenschaftlichen Methodenzwangs, der insgeheim ja doch auf eine totale Welt- und Lebensbemächtigung aus ist, die mit dem Gottesglauben jeder Religion unvereinbar ist.

Vermutlich verrät das Gebets-Gefälle der Rede von Gott, daß die Theologie, bei allem Gebrauch wissenschaftlicher Mittel, doch immer nur begrenzt eine Wissenschaft bleiben kann. Das Gebet, von dem sie herkommt und dem sie entgegendenkt, lebt jenseits aller Wissenschaft.

Gerade das Gebet führt zur entscheidenden Erkenntnis, daß es mit aller Rede von Gott nichts ist, wenn nicht Gott selber redet.

Tut er das aber? Redet er tatsächlich und auch heute noch?

Als das Geheimnis der Welt redet er, solange diese Welt atmet und lebt, ist er doch, wie das Alte Testament sagt, der »Gott des lebendigen Atems in allem Fleisch« (4. Mose 27,16). Von ferne berührt sich diese Aussage mit dem altindischen Atharvaveda (ca. 1000–700 vor Christus), das einmal formuliert: »Dem Atem sei Verehrung, in dessen Macht dies All steht.« (XI,4) An den Lebensatem erinnert auch unauffällig das indogermanische, in der Welt der Sprachen einzigartige Verbum

»es-ti«, »ist«, ein rein funktionales Verbum ohne begrifflichen Inhalt. Dieses »es-ti« oder »ist« kommt von der Sanskritwurzel »as«, atmen. »Die Welt ist« hieße demnach stets auch: die Welt atmet. Sie zeugt, biblisch gesagt, vom »Gott des lebendigen Atems in allem Fleisch«. Im Atem lebt das Leben. Vom Atem lebt auch die Stimme, das Reden, die Sprache. Solange die Welt lebt und also atmet, ist deshalb auch die Stimme dessen vernehmbar, welcher der »Gott des lebendigen Atems in allem Fleisch ist«. Wenn die Bibel Alten und Neuen Testamentes vom Geist Gottes oder vom Heiligen Geist spricht, so ist in den entsprechenden hebräischen und griechischen Wörtern das Sinnenhafte von Atem, Hauch, Wind immerzu mitenthalten. Die christliche Lehrtradition hat den Heiligen Geist schließlich dahingehend ausgelegt, daß er den heute gegenwärtigen Gott, sein jetziges Reden bezeichne.

Nur stelle man sich – um Himmels willen! – nicht einen pausenlos drauflos redenden Gott vor! Wer Ohren hat zu hören, der hört auch Gottes Schweigen, und dieses Schweigen kann mehr aussagen als oft noch so viel Worte. Unter »Rede« (»Gott redet«) ist ohnehin viel mehr als nur ein verbales Reden zu verstehen. Zu ihr gehört die ganze Breite auch nicht-verbaler Kommunikation, die z. B. über die Gefühle, über den Körper laufen kann, die sich vor allem in Begegnungen mit anderen Menschen, aber auch mit der gesellschaftlichen und naturhaften Umwelt ereignet. Gottes Rede betrifft alle Möglichkeiten menschlicher Existenz, weil diese gleichzeitig Möglichkeiten der göttlichen Zuwendung bedeuten können. Darum auch, ich erwähnte es zu Beginn, in allen Religionen die sinnenhaften Rituale und Sakramente, die Körper- und Symbolsprachen. Die

Schöpfung insgesamt wäre vermutlich, wenn wir entsprechend ganzheitlich zu »hören« verstünden, Rede Gottes, die von unseren Augen gesehen, durch unsere Hände berührt, mit den Sinnen ebenso wie mit dem Geist aufgenommen und immerzu durch unser Leben und Handeln beantwortet sein möchte. Doch ist unser Verhältnis zur Schöpfung, unser Hören auf sie unwiderruflich beschädigt. Wir bedürfen der Vermittlungen, der Mittler, der Worte und der Denkwege. Es ist nicht selbstverständlich, es muß z. B. von Jesus ausdrücklich gesagt sein, daß auch die Vögel des Himmels und die Lilien im Felde Rede Gottes sind (Matthäus 6,26ff.).

Vollends dann, wenn, wie jetzt, auch das Elementarste, nämlich das Leben des Lebens, nicht mehr selbstverständlich, sondern tödlich bedroht ist, bedarf es neuer Vermittlungen und Einsichten, damit unser gestörtes Verhältnis zur Schöpfung nicht mit einer totalen Katastrophe endet. Der gegenwärtige Weltzustand stellt unserem nihilistisch gewordenen Macht- und Allmachtstrieb ein Ultimatum. Wer glaubt und sagt, es sei ein Ultimatum Gottes, behauptet damit, daß Gott jetzt laut und vernehmbar *redet*, gerade durch die ultimative Situation. Kein Zufall deshalb, daß immer mehr Kirchen und Religionsgemeinschaften sich jetzt so bekenntnishaft wie nie bisher gegen die Aufrüstung und Drohung mit atomaren Massenvernichtungsmitteln aussprechen und den aktiven Widerstand dagegen als notwendige Konsequenz des Gottesglaubens verkünden.

Wie also kann von Gott die Rede sein?

Heute zum Beispiel so, wie es das Leitungsgremium (Moderamen) des Reformierten Bundes in der Bundesrepublik 1982 getan hat, als es erklärte, daß es »schlechterdings keinen Wert gibt, der um den Preis der Vernichtung der Schöpfung ›verteidigt‹ werden dürfte«; ebenso gebe es keinen Feind, »und sei er noch so gefährlich, der um diesen Preis mit Massenvernichtungsmitteln abgewehrt und geschlagen werden dürfte«. (Vgl. Das Bekenntnis zu Jesus Christus und die Friedensverantwortung der Kirche – Eine Erklärung des Moderamens des Reformierten Bundes, Gütersloh 1982)

Ich fasse zusammen.

Ausgehend von der Frage, wie von Gott die Rede sein könne, sind wir – vielleicht nicht zufällig – bei einem Beispiel gelandet. Die Frage kann tatsächlich wohl nur mit Beispielen, nicht aber mit theologischen oder sprachlichen Rezepten beantwortet werden. Die Bibel selbst berichtet vorwiegend ebenfalls von Situationen und Beispielen.

Als Rede von Gott ist die Theologie eine sonderbare, darum oft auch bezweifelte Wissenschaft, weil sie nicht von einem wissenschaftlich objektivierbaren Gegenstand handelt, sondern von der Annahme ausgeht, daß Gott unverfügbares, souverän handelndes und redendes Subjekt ist, der »Ich bin« des Alten Testaments (2. Mose 3,14). Die Theologie behauptet deshalb, daß die Rede von Gott dann wahr wird, wenn sie Antwort auf Gottes Handeln und Anrede ist. Die christliche, auf Christus bezogene Theologie geht davon aus, daß Gott sich im Menschen von Nazareth selber zur Sprache gebracht hat und daß er als Heiliger Geist nicht aufhört, das atmende, handelnde, redende Geheimnis der Welt zu sein, das ja auch das Geheimnis unseres eigenen Lebens ist. Und darum ist Theologie in erster Linie eine Disziplin des Hörens, eines durchaus kritischen Hörens immerzu, gilt es doch, aus dem menschlichen Stimmengewirr alten und neuen Redens von Gott dessen eigene

Stimme herauszuhören, die uns Leben schenkt und leben hilft, die uns sagt, was zu tun ist und uns öffnet für die anderen, durch die wir uns selber finden können.

So hat die Theologie zwar immer mit Sprache, mit Wissenschaft zu tun, allerwärts hinhörend auch hier, doch ist ihre Rede von Gott ein einziges, unablässiges Gebet: Gib, o Gott, daß wir DICH reden hören!

Wenn wir wollen

Wie redet Gott?
Wenig.

Was redet Gott?
Stets dasselbe,
wenn auch oft anders.

Wann hören wir Ihn reden?
Wenn wir wollen.

Hören als Grundform der Zärtlichkeit

Zärtlichkeit: ein viel beredetes, viel beschriebenes Thema jetzt! Zärtlichkeit als Protest, Zärtlichkeit als Therapie, Zärtlichkeit als Befreiung, Zärtlichkeit als Selbstverwirklichung, Zärtlichkeit als Ausdrucksform von Brüderlichkeit und Schwesterlichkeit, Zärtlichkeit auch als wehrloser, nicht aber sinnloser Gestus angesichts des atomaren Holocausts, der uns droht. Gut ist's, daß das viele Reden von Zärtlichkeit sich tatsächlich und bis in die Kirchen hinein umsetzt in zärtlichere Umgangsformen. Schon aber glaube ich beobachten zu müssen, daß Zärtlichkeit demonstriert wird, weil sie mancherorts bereits zum gesellschaftlichen Ritual und zum guten Ton gehört. Just ihre demonstrative Praxis könnte die Zärtlichkeit wieder abnützen, abwerten. War der Kuß des Judas nicht ebenfalls ein demonstratives Zärtlichkeitsritual?

Glaubwürdig bleibt Zärtlichkeit als ein Ausdruck innerer Zuwendung. Diese Zuwendung bewährt sich allererst im Zuhören-Wollen, im Zuhören-Können.

Der sichtbaren Zunahme zärtlicher Umgangsformen steht, wie mir scheint, eine ebenso feststellbare Abnahme der Zuhörfähigkeit gegenüber. Wir umarmen einander, ohne nachher aufeinander zu hören. Wir küssen, wir streicheln einander und halten danach doch wieder Monologe, jeder den seinen und ohne auf den des andern einzugehen.

Ist Zärtlichkeit jedoch nicht Aufmerksamkeit für den andern? Ist sie ihrem Wesen nach nicht der Wille und die oft selbstverleugnende Fähigkeit, auf andere eingehen, auf sie in einem qualifizierten Sinne hören zu können? Andernfalls wird auch Zärtlichkeit ein Konsumartikel unserer Konsumwelt – zum Teil ist sie das schon geworden.

Wenn ich »Zärtlichkeit« sage und sogar ein Büchlein unter dem Titel »Zärtlichkeit und Schmerz« publiziert habe, rede ich nicht von der Konsumwelt und ihren Trends, sondern von der Gotteswelt und ihrer leibhaftigen Nähe.

Gott nenne ich deswegen zärtlich, weil er/sie Ohr ist für uns und für andere. Woher nähmen wir den Mut zum Beten ohne die Zuversicht, daß das Wort »Gott« unter anderem eine gespannte Aufmerksamkeit für uns bedeutet und Hörbereitschaft von höchster Intensität, von zärtlichster Genauigkeit signalisiert? Ich stelle mir vor, daß Gottes Hören bis zur Selbstvergessenheit, bis zur vollkommenen Einfühlung und Identifikation gehen kann, so daß er/sie sich in uns oder uns in sich findet. Von daher leuchten mir die neutestamentlichen Aussagen, wonach Gott in Jesus seine Gottheit preisgibt (Philipper 2,6f.) und Fleisch wird (Johannes 1,14), ein als Verhaltensformen einer unermeßlichen Hörfähigkeit, die sich dem anderen öffnet und auch vor dem Leiden nicht zurückschreckt, in welches ein solches Hören den Hörenden früher oder später hineinzieht. Dieses Hören, das ebenso Aktion wie Passion ist, verrät eine Zärtlichkeit zu allem Geschaffenen und Lebenden, die nichts mit Konsumtrends, aber alles mit jener Gottheit zu tun hat, die das Neue Testament als Liebe definiert (1. Johannes 4,8.16).

Zu lange hat man allein von Gottes Wort, von Gottes Reden gesprochen, obgleich er/sie relativ selten und dann nur wenig »spricht«, verglichen mit dem, was er/sie sich an Hören, Zuhören zumutet und auflädt. Dieses Verhältnis – sehr viel mehr zuhören als selber reden! – ist das göttliche Muster auch der menschlichen Zärtlichkeit.

Wahrscheinlich entsprach die Vorstellung von einem stets redenden, anordnenden, verfügenden Gott dem patriarchalen Denken. Dennoch wäre es unrichtig, das Hören einer weiblich/passiven Seite Gottes zuzuordnen. Hören als Passivität und Passivität als weiblich zu definieren wäre wiederum ein patriarchales Vorurteil. Zuhören – empfangen anstatt selber senden! – ist durchaus eine Aktivität, aber eine unaufdringliche und eben darum: eine zärtliche! In diesem Sinne ist Gott zärtlich, und unsere eigene Zärtlichkeit beginnt ebenfalls damit, daß wir unaufdringlich, aber aktiv hören, zuhören lernen, um danach dann auch handelnd auf die Bedürfnisse, Freuden und Leiden anderer unaufdringlich eingehen zu können.

Hören ist die Grundform, ja sogar die Quelle der Zärtlichkeit, weil auch dem Reden und Handeln Gottes hörende Zuwendung, unaufdringliche Teilnahme vorausgeht. Gott ist, nach dem biblischen Verständnis, nicht apathisch (gleichgültig, vom menschlichen Leiden unbetroffen) und hält keine Monologe über unsere Köpfe und Bedürfnisse hinweg. Er/sie ist »dialogisches Mysterium« (K. H. Miskotte) und insofern immer: Zärtlichkeit.

Solange nicht auch wir einander und in anderen Gott zuhören lernen, bleibt Zärtlichkeit, wie gesagt, bloßer Konsumartikel. Zärtlichkeit will aber und kann mehr sein, nämlich sinnlicher Ausdruck unserer Zuwendung zueinander und zu aller Kreatur. Zärtlichkeit aktiviert zunächst das Gehör, alsbald aber auch die Augen (etwa im Umgang mit Tieren und Pflanzen), dann ebenfalls den Geruchssinn, den Tastsinn, den Geschmack und noch ein paar andere Sinne über die willkürliche Fünfzahl hinaus.

Muß ich noch beifügen, daß die Zärtlichkeit, deren Quelle und Grundform das Hören ist, nichts gemein hat mit Sentimentalität, die süffig und konsumistisch bleibt? Sentimentalisierungen lassen die menschliche Zärtlichkeit verlottern, verkommen. An Gottes Zärtlichkeit prallen sie ohnehin ab.

Wessen ich bedarf

Der Du bist
die Nähe der Nächsten,
die Fremdheit in Fremden:
hilf mir zuhören,
damit Verstehen beginnt,
lehre mich schweigen,
gesammelt,
geöffnet.

Vertrauen – doch auf welchen Gott?

Optimisten, Pessimisten

Die Frage immer wieder, ob ich im Blick auf die Zukunft optimistisch oder pessimistisch sei.

Ich weiß nicht.

Pessimistisch stimmen mich Optimisten an den Schalthebeln technokratischer, militärischer oder politischer Macht. Unentwegt versichern sie, die Entwicklungen im Griff zu haben. Wenn die Menschheit für immer ausgelöscht werden wird, so wird es, da bin ich fast sicher, das Werk zuversichtlicher Optimisten gewesen sein. Sie vertrauen einer technischen Vernunft und Perfektion, die es bisher nie gegeben hat. Zu schreiben wäre einmal die Geschichte der Katastrophen, die der politische Optimismus im 20. Jahrhundert ausgelöst hat, vom Ersten Weltkrieg bis heute.

Demgegenüber wirken Pessimisten geradezu beruhigend. An der Macht sind sie weniger gefährlich, weil sie zum Nicht-Tun neigen, sobald sie fürchten, ihr Tun könnte verhängnisvolle Wirkungen zeitigen. Das ist keine eindrucksvolle Haltung, doch immerhin eine beruhigendere, weil sie zögern, innehalten und optimistischem Handlungsdrang widerstehen kann. »Optimismus ist Feigheit«, sagte einst Oswald Spengler, der Kulturphilosoph. Optimismus ist oft auch Dummheit. Meist sind Pessimisten nachdenklicher, besser informiert, deshalb auch realistischer. Sie an der Macht zu wissen, beruhigt. Optimisten an der Macht sind oft gefährlich.

Kirche unter Optimismusdruck?

Begreiflicherweise drängen Pessimisten weniger an die Macht als Optimisten. Darum sind so viele Machtpositionen mit Optimisten besetzt. Diese versuchen immer nachdrücklicher, auch die Kirche unter Optimismusdruck zu setzen. Schluß jetzt mit Angst- und Panikmache, fordern sie, die Kirche soll trösten, aufrichten, ermuntern! Und meinen damit: ... soll die Leute ermutigen, auch weiterhin getrost bei allem mitzumachen, was machbar geworden ist, immer im gläubigen Vertrauen darauf, daß es schlußendlich doch noch gut herauskommen wird. Oder ist etwa der von marktwirtschaftlichen Profiterwartungen angetriebene und gelenkte Erfindungsdrang etwas Negatives? Verdanken wir ihm nicht unseren hohen Lebensstandard? Wohlan denn und weiter so mit Zuversicht! Gottes Vorsehung, technisches Know-how, die Natur und nicht zuletzt die verantwortlichen Unternehmer, Techniker, Politiker werden schon dafür besorgt sein, daß sich alles zum Guten wendet. Für diese Optimisten ist der alte Schopenhauer, der den Optimismus eine »verruchte Denkungsart« nannte, ein Griesgram – und ein Ungläubiger obendrein.

Es wird schon gut kommen, man muß nur Vertrauen haben, rufen die Optimisten urbi et orbi. Ist nicht gerade Gott der Garant dafür, daß es gut herauskommen wird? Darum – so die Optimisten – müssen die Kirchen wiederum Vertrauen predigen und zu Miesepetern auf Distanz gehen, die Mißtrauen säen! Schon haben die

Optimisten Lobbies und Pressure-groups gebildet, welche die Kirchen wiederum Vertrauen lehren wollen. Genug jetzt der Menetekel, der Weltendvisionen! Selbst bei der Jugend kommt so was kaum noch an.

Vertrauen also! Theologisch bedeutet das für die Optimisten: Vertrauen auf Gott, der die Geschichte lenkt, in aller Wirklichkeit der Wirkende ist und machtvoll alles zur guten Vollendung bringen wird.

Somit: Vertrauen auf Gottes Allmacht? Worauf denn sonst? fragen die Optimisten pikiert.

Doch wie kann ich zu einer Allmacht Vertrauen haben, der also auch Auschwitz, Hiroshima, Kambodscha angelastet werden müßten? Da halte ich's lieber mit K. H. Miskotte, dem holländischen Theologen, der schrieb: »Wer von Gottes ›Allmacht‹ spricht, kann den Gehalt des Wortes nicht zu Ende denken, ohne sich in die Vorstellung einer leeren, monströsen Tyrannis zu verwirren.« (Wenn die Götter schweigen. 1963, S. 196) Miskotte hat das übrigens von Karl Barth, der rundweg erklärte: »Der ›Allmächtige‹, das ist das Chaos, das Übel, das ist der Teufel.« Und: »Dieser Rauschgedanke der Macht, das ist das Chaos, das Tohuwabohu, das Gott in seiner Schöpfung hinter sich gelassen hat, das er nicht gewollt hat, als er den Himmel und die Erde schuf.« (Dogmatik im Grundriß, 1947, S. 54)

Miskottes Seufzer deshalb: »Wie lange noch soll die Kirche unter der Last der fundamental verkehrten Auffassung des Wortes ›Macht‹, ›Allmacht‹ Gottes niedergebeugt einhergehen?« (a.a.O., S. 216f.) Für ihn ist die Allmachts-Theologie, auf welche sich die Optimisten stützen, ein finsteres Monstrum, vor dem man sich, falls es wirklich »Gott« wäre, in den Atheismus retten müßte.

Die Begriffskombination Allmacht–Vertrauen–Optimismus kann nicht stimmen. Dafür sind die Optimisten selber der beste Beweis. Geht es zum Beispiel um die sowjetische Macht, so hört ihr Vertrauen alsbald auf, und sie weigern sich, die Sowjetunion als ein Instrument göttlicher Geschichtslenkung, als eine von der Allmacht gewirkte Wirklichkeit anzuerkennen. Einer Konferenz »für vertrauensbildende Maßnahmen« zwischen West und Ost begegnen sie mit pessimistischem Mißtrauen, davon überzeugt, daß der Osten kein Vertrauen verdient. Und plötzlich sind es die optimistischen Vertrauensforderer, die uns Christen vor optimistischem Vertrauen warnen.

Wie reimt sich das zusammen: Optimismusdruck, Vertrauenspredigt einerseits – andererseits dann doch wieder Aufrufe zu pessimistischem Mißtrauen? Es reimt sich nicht, hat mit Theologie wohl auch weniger zu tun als mit Politik.

Gott als Opposition?

Daß sie gerne und oft mit der Allmachtsvorstellung operieren, verrät das theologische Reflexionsdefizit der Optimisten. Oder einfach ihr Ungeschick. Oder am Ende ihre Oberflächlichkeit?

Faktisch laufen ihre Argumentationen darauf hinaus, daß Gott mit unserer Gesellschaftsordnung in Übereinstimmung, in anderen Gesellschaftsordnungen jedoch Opposition ist. Hierzulande darf er als Allmacht verstanden werden, welche auch die gesellschaftlichen Machthierarchien legitimiert. In uns mißliebigen Gesellschaftsordnungen dagegen soll er Opposition sein, die keine Machthierarchien, wohl aber Oppositionsbewegungen legitimiert. Gott nicht Position, sondern Opposition? Nicht Verklärung, sondern Bestreitung der Macht? Das ist eine Glaubens- und Denkmöglichkeit, welche die alttestamentlichen Propheten entdeckt haben und die vollends im Glauben, daß ein Verurteilter der Messias, ein Hingerichteter das Wort Gottes ist, zum Zuge und zur Wirkung gekommen ist. Dem wäre mit Ernst nachzudenken. Hier zeigt sich ja auch die Unzulänglichkeit gängiger Allmachtsvorstellungen. Sie beziehen das gerade nicht ein, was das Evangelium als Skandalon mitteilt, nämlich das Leiden, die Geduld, die Auflehnung und Opposition Gottes, der nicht Allmacht, sondern Heilsmacht ist.

So aber, wie unsere Vertrauensoptimisten Gott entweder auf Einverständnis oder auf Opposition festlegen möchten, geht es wohl kaum. Da ist nicht theologische Überlegung, sondern politische Absicht am Werk – ein Wölflein im Schafspelz. Die Frage »Kirche wohin?« zum Beispiel ist eine Scheinfrage, wenn ihr gleichzeitig der Ruf folgt: »Kirche hierher!« – nämlich hierher und hinein in den politischen Konsens eines Konkordanzsystems, dessen Machtträger Oppositionsregungen alsbald marginalisieren, weil sie Opposition für unanständig halten.

Und das eben ist die politische Absicht, welche hinter dem Optimismusdruck auf die Kirche steckt: möglicher Dissens, mögliche Opposition sollen verhindert, die Kirche zum Konsens verpflichtet werden – nicht »auf Teufel komm raus«, aber »auf Gott komm raus«.

Theologisch bleibt das alles dürftig. Vertrauenspredigt dieser unreflektierten Art wird die Kirchen nicht füllen, sondern noch mehr leeren. Darum stimmen mich die Optimisten, welche die Kirche wieder auf Vertrauens- und Konsenskurs bringen wollen, für die Zukunft der Kirche pessimistisch.

Doch was sollen diese Begriffe überhaupt: Pessimismus, Optimismus? »Flachkopfgeschwätz« hat Nietzsche den Streit um Optimismus oder Pessimismus genannt. Auch biblisch gesehen ist's »Flachkopfgeschwätz«. Es geht um die Frage der Hoffnung, um Predigt und Theologie der Hoffnung! Wie aber kann Hoffnung wachsen aus einer hoffnungslos angepaßten und konformen Vertrauenspredigt?

Hoffnung

O nein, o nein,
ich hab' mein Leben
nicht im Griff,
überhaupt nicht.
Eher umgekehrt:
ES hat MICH.

ES:
das Leben jetzt,
das Sterben einst,
und darin, hoff' ich,
DU.

Gedanken zur Weiblichkeit Gottes

1. Was heißt »weiblich«? Und was »männlich«? Ich weiß es nicht. Denen, die behaupten, sie wüßten's, traue ich nicht. Auch glaube ich, daß es keine Nur-Männer und keine Nur-Frauen gibt. Reine Männlichkeit ist genauso ein Phantom wie reine Weiblichkeit. Auch Gott muß sowohl weiblich wie männlich sein, weil Mann und Frau zusammen sein Bild sind (1. Mose 1,27).

2. Tatsache ist aber, daß wir das zweite Gebot: »Du sollst dir kein Bildnis machen« (2. Mose 20,4), in einem fort übertreten, indem wir aus Gott einen Mann, einen Vater, einen Herrn machen. Die Bibel selbst geht darin voran. Sie ist eben auch ein Dokument der patriarchalen Epoche, von Männern geschrieben. In ihr spiegelt sich eine männerrechtlich organisierte Gesellschaft. In diesem Punkt ist die Bibel genauso zeitbedingt wie zum Beispiel in ihren Vorstellungen von der Weltentstehung.

Ich glaube, zur Selbstentäußerung Gottes, zur »Knechtsgestalt« von Christus (Philipper 2,7) gehört auch der Anpassungszwang an das Patriarchat, an die absolute Männerherrschaft zur Zeit Jesu. Gottes Wortführer hat keine Wortführerin sein können, weil damals eine Frau nicht öffentlich das Wort hat ergreifen, das Wort hat führen dürfen, erst recht nicht in der Synagoge. Es hat also ein Mann, hat ein Sohn sein müssen – aber gerade dieses Muß, dieser Zwang ist auch schon eine Einschränkung, eine Verstümmelung Gottes gewesen, ein Stück Passion. Und die Passion hat dann ja konkret auch so ausgesehen: Jesus ist voll hineingeraten in eine ausschließlich männliche und patriarchalische Macht- und Justizmühle.

Ist es Zufall, daß demgegenüber die ersten Zeugen und Botschafter der Auferstehung Christi Frauen gewesen sind?

Ich möchte nicht behaupten, die Passionsgeschichte sei männlich, die Ostereignisse seien eher weiblich gewesen. Immerhin aber zeigen die Passionsgeschichten eine Macht am Werke, für welche die Tötung von Unbotmäßigen das entscheidende Argument und Machtmittel ist. Und historisch ist es nun einmal die patriarchalische Gesellschaft, welche ihre Macht aufgebaut hat auf der Macht zu töten – und die sich dementsprechend entwickelt hat bis zur heutigen Gesellschaft des Overkills. Hätte diese Entwicklung in einer matriarchalen Gesellschaft nicht stattfinden können? Ich weiß es nicht, niemand weiß es. Über das Matriarchat haben wir zu wenig genaue Nachrichten, es gibt bloß Vermutungen und Spekulationen.

3. Vielleicht könnte man so sagen: Die Passionsgeschichte demonstriert eine Macht (und das war faktisch Männer-Macht), die hierarchisch ist, das heißt, sie geht von oben nach unten, Herrschende verfügen über Beherrschte. Ostern hingegen zeigt Gott als antihierarchische Macht, zeigt ihn als Aufstand gegen die religiöse und politische Hierarchie, zeigt ihn als Bewegung von unten nach oben, wobei »unten« sowohl ein soziales Unten wie ein existentielles Unten, nämlich Tod, bedeutet. Dieses »Unten« repräsentieren auch die Frauen am Ostermorgen. Rechtlich und religiös sind Frauen unmündig gewesen damals, also immer »unter« der Vormundschaft von Vätern, Brüdern, Gatten.

Man könnte auch sagen: Die Passion demonstriert eine Macht, die ihrem Wesen nach Unterwerfung ist, wenn nötig bis zur Tötung. Ostern hingegen zeigt Gott als eine Macht, die nicht unterwirft, sondern aufstellt, die nicht tötet, sondern lebendig macht. Auf jeden Fall sind die beiden Formen von Macht so verschieden wie Gewalt und Gewaltlosigkeit, wie Tod und Leben.

Die eine Macht will Situationen und Menschen in ihren Griff bekommen. Die andere Macht löst, erlöst, macht frei; dem entspricht nicht der Gestus von Griff und Zugriff, sondern derjenige der Berührung. In den Ostertexten spielt das Anrühren und Berühren eine gewisse Rolle (Lukas 24,39; Johannes 20,17; 25 ff.). Griff und Zugriff signalisieren Herrschaft und Gewalt. Nicht zufällig gehört auch das Wort »Angriff« in diese Wortgruppe. Berühren dagegen signalisiert Gewaltlosigkeit, Liebe, Kommunikation.

»Etwas in den Griff bekommen«, diese beliebte Redensart verrät ein traditionelles, darum wohl auch einseitig maskulines Machtverständnis. Ich möchte nicht sagen, daß das österliche Wort »berühren« demgegenüber weiblich ist. Es ist mehr, es ist ein Ausdruck für Kontakt, für Gemeinschaft, für Sympathie und Solidarität zwischen Menschen, auch zwischen Männern und Frauen. »Berühren« hat dann ja auch noch eine übertragene, gefühlshafte Bedeutung: Das Leben, das Leiden, aber auch die Freude der anderen »berührt mich«, ist mir also nicht gleichgültig wie demjenigen, der die Dinge und Menschen in seinen Griff bekommen will.

4. Auch in der Kirche gibt es das Machtverständnis, das die Dinge in den Griff bekommen will, um sie im Griff zu haben. Ein traditionell männliches Machtverständnis also. Seitdem die Kirchen gesellschaftlich an

Bedeutung und Einfluß verloren haben, sind allerdings auch Frauen in kirchliche Leitungsgremien aufgerückt. Scheinbar großzügig kann man sie in diesem gesellschaftlichen Nebenbereich mitmachen lassen. Die Spielregeln bleiben meistens aber doch männlich. Die theologischen Fakultäten, also die kirchlichen Ausbildungs- und Denkzentren, sind nach wie vor fest in Männerhand, demonstrieren damit die Herrschaft des männlichen Denkens in der Kirche.

Was ist Kirche, vom Neuen Testament her gesehen? Sie ist, sagt Paulus, der Leib, der Körper Christi (Römer 12,5; 1. Korinther 10,17; 12,12ff.). Ein Körper lebt, atmet, bewegt sich. Das ist seine Macht. Einen Körper »in den Griff« bekommen, »im Griff« haben, das bedeutet Behinderung, Entmächtigung. Man denkt dabei sofort an Polizei, Verhaftung, Fesselung. Insofern verträgt der Körper Christi, also die Kirche, keine Behörden, die ihn »im Griff« haben. Dieser Griff würde bald zum Würgegriff.

5. »Etwas in den Griff bekommen«. So denkt, so spricht, wer oben sein will, wer sich etwas unterwerfen, etwas dienstbar machen will. Er will herrschen, beherrschen. »Herrschen« kommt von »Herr«. Es scheint also um eine charakteristisch männliche Art der Machtausübung zu gehen.

Nun nennen wir auch Gott, auch Christus »Herr«. Trotzdem glaube ich, daß Gottes Herrschaft ebenso Frauschaft ist, ein Zusammenspiel von Herrschaft und Frauschaft. Doch was heißt das? Es heißt theologisch zum Beispiel: Gott ist nicht »der Allmächtige«, er ist nicht derjenige, der alles im Griff hat. Karl Barth hat gesagt: »... der ›Allmächtige‹ ist böse, wie ›Macht an sich‹ böse ist. Der ›Allmächtige‹, das ist das Chaos, das

Übel, das ist der Teufel.« (Dogmatik im Grundriß, 1947, S. 54)

Warum das? Wenn Gott alles von oben herab im Griff hätte, dann müßte er auch der Urheber von Auschwitz, von Hiroshima und Kambodscha sein und der Urheber eines eventuellen atomaren Holocausts. Aber solche Ereignisse haben denn doch mehr mit dem Teufel als mit Gott zu tun. Die feministische Theologie sagt: Die Vorstellung eines »Allmächtigen« ist ein Produkt der männlichen Machttradition und ein männliches Wunschbild, das Wunschbild eines Supermannes, der alles im Griff hat, der totale Herrschaft ist.

Was würde demgegenüber »Frauschaft« bedeuten? Ich weiß es nicht. Das weiß noch niemand. Als Komplementärbegriff zu »Herrschaft« signalisiert »Frauschaft« einfach einmal eine Form von Machtverständnis und Machtausübung, die gottebenbildlicher, darum auch humaner und weltfreundlicher wäre als die einseitig maskuline »Herrschaft«, welche die Welt so fest in ihren Griff bekommen hat, daß diese jetzt nahe daran ist, erstickt zu werden.

6. Jesus spricht von der Macht Gottes in Gleichnissen vom Säen, Wachsen, Ernten (z. B. Matthäus 13). *Gottes* Macht ist gewaltlose Lebensmacht, Wachstumsmacht. Sie organisiert nicht von oben herab, sie wächst von unten herauf. Sie unterwirft nicht, sie entfaltet. Sie hat nicht im Griff, sie macht lebendig und setzt sich dem Risiko und dem Widerspruch des Lebendigen aus. Gott ist kein Macher, er ist der Schöpfer, der creator; seine Macht ist kreativ. Und das, glaube ich, hängt damit zusammen, daß er sowohl weiblich wie männlich ist. Auch bei uns Menschen werden einseitige Nur-Männer oder einseitige Nur-Frauen kaum kreativ. Es ist eine

psychologische Binsenweisheit, daß ein Mann desto kreativer wird, je mehr sich seine weibliche Seite entfalten, und eine Frau desto kreativer, je mehr sich auch ihre männliche Seite entwickeln kann. Darin spiegelt sich das weiblich-männliche Geheimnis der ursprünglichen Kreativität Gottes.

Das ist ein Hinweis darauf, daß menschliche Macht nur dann kreativ anstatt zerstörerisch wird, wenn sie aufhört, nach rein männlichen Vorstellungen zu funktionieren – wenn sie also anfängt, ebenso weiblich wie männlich zu werden. Damit will ich »das Weibliche« nicht idealisieren. Doch wenn man sieht, wohin uns die einseitige Männermacht, die Männerbünde in Armee, Polizei, Finanz und Wirtschaft, und auch immer noch in Politik und Kirche, gebracht haben, dann gibt es ja gar keine andere Alternative als die Verweiblichung der Macht, als die gleichgewichtige Beteiligung der Frauen an der Macht – auch in den Kirchen.

7. Was also tun? Zuerst müssen wir einsehen, daß ein anderes Handeln mit einem anderen Reden anfängt. Ich gebe zu: Ich selber getraue mich selten, wechselweise die Wörter »Gott« und »Göttin« zu verwenden. Die Hemmschwelle ist da bei einem Bibelausleger wahrscheinlich noch zu hoch. Vielleicht gelingt Frauen so etwas eher. Bei mir langt's erst zu Gebetsformulierungen wie etwa: »Unser Vater, der du auch unsere Mutter bist« oder »Du, Herr, anders als andere Herren, mit dem wir reden können wie mit einem Freund oder einer Freundin« und so fort. Ich möchte sagen: Probiert es selber, probiert es besser! Mich wundert, daß Frauen in Gottesdiensten, die sie selber gestalten, sich noch allzu ängstlich an maskuline Gottesanreden halten, die eben auch ein maskulines Gottesbild verraten, das offenbar

tief verinnerlicht worden ist. Auch die Liturgien beten ausschließlich einen Mann-Gott an, reproduzieren damit noch einmal rein männliche Machtvorstellungen. Dasselbe gilt von den Kirchengesangbüchern. Aber das Neue kommt auch hier von unten, nicht von oben. Unten – das sind wir! Wir machen neue Erfahrungen mit Gott, uns dämmern neue Perspektiven, neue Erkenntnisse. Das ist heute auf vielen Gebieten der Fall, zum Beispiel in der Friedensfrage, in der ökologischen Frage, in politischen Fragen. Unter dem Druck von schon eingetretenen oder noch möglichen Katastrophen entpuppt sich das bürgerliche Gottesbild, das immer auch ein männliches war, als ein Götze, der sich jetzt auflöst und zerfällt. Die trotzdem hoffnungsvollen Bewegungen in der Kirche werden angetrieben vom Glauben an einen anderen, größeren Gott. Und dazu gehört auch die Ahnung einer Universalität und Ganzheitlichkeit, die gleicherweise das Weibliche wie das Männliche umfaßt. Nur eben: Diese Ahnung muß sich nach und nach erst einmal in der Sprache unserer Gebete, unseres Redens ausdrücken können. Dazu gehört noch vieles, zum Beispiel die Frage: Warum reden wir immer nur von Jesus und seinen Jüngern? Dabei hat er durchaus auch Jüngerinnen gehabt (Lukas 8,1–3)!

Sicher, die männliche Textredaktion des Neuen Testaments hat das weitgehend verdrängt, vielleicht weil diese Jüngerinnen für jüdische Zeitgenossen ein Ärgernis und ein Anstoß waren. So kommen sie nur ganz am Rande vor, werden fast verschämt und nur beiläufig erwähnt. Wer kennt die Namen dieser Jüngerinnen? Wo ist neben all unseren Petrus-, Paulus-, Lukas-, Matthäuskirchen eine Susannen- oder Johannakirche? Das Sprachproblem geht eben bis in solche Dinge hinein.

Dafür müssen wir sensibel werden, sensibel und kritisch. Wir müssen anfangen, unser eigenes Reden zu prüfen und aufmerksam zu werden für den Widerspruch zwischen dem, was wir erfahren und glauben, und dem, was wir sagen. Nur so werden wir subversiv handeln lernen gegen die lebensfeindlichen Machtformen.

Immer bist Du es

Ehe wir Dich suchten,
  warst Du da.
Bevor wir Dich »Vater« riefen,
  hast Du uns als Mutter umsorgt.
Beugten wir die Knie vor Dir, dem Herrn,
  kamst Du als Bruder entgegen.
Beschworen wir Deine Brüderlichkeit,
  erging die Antwort schwesterlich.

Immer bist Du es,
  der vorher war;
allwärts bist Du es,
  der begegnet.

Glaube und Eros

Unsere Schwester Mutter Erde

Jemand schickt mir eine Spruchkarte, welche die »Communität Casteller Ring« herausgegeben hat:

»Seid ohne Furcht, wenn eines Tages die Kraft der Atome den kreisenden Erdball zersprengen sollte, dann wird sie doch nichts sein gegen jene Gewalt, die den Stein vom Grabe hinwegwälzte. Christus hat einmal den Tod besiegt, alles Grauen währt nur bis zum dritten Tag und jede Vernichtung ist eingeschlossen in Seine und unsere Auferstehung.«

Christlich motivierte Ergebenheit in den Overkill? Geht solche Ergebenheit nicht über in widerstandsloses Einverständnis? Falls aber tatsächlich alles kaputt gemacht werden soll, will ich – gerade als Christ! – damit nicht auch noch einverstanden gewesen sein.

Die Rüstung zum atomaren Holocaust ist die einzige Gotteslästerung und Blasphemie, die unverzeihbar bleibt. Mit ihr verglichen sind Gotteslästerungen und Blasphemien, wie sie von Richtern und Kirchenbehörden noch immer in Texten oder Kunstwerken erschnüffelt und geahndet werden, liebenswerte Kinderspiele.

Dagegen ist die Rüstung zum Overkill nichts anderes als Vorbereitung zur Ermordung unserer Mutter, der Erde, die Franz von Assisi im *Lob der Kreatur* (Laudes creaturarum) so gepriesen hat:

»Laudatu si mi signore per sora nostra madre terra.«

(Gelobt sei mein Herr durch unsere Schwester Mutter Erde.)

Ein anderer Christ, der Philosoph Franz von Baader (1765–1841), schrieb einen Satz, der unsere Verantwortung der Erde gegenüber so festhält: »Dem Verhalten des Menschen zu Gott entspricht sein Verhalten zum Grund und Boden, dem Kultus die Kultur, und wie er mit seinem Vater im Himmel steht, so steht er mit seiner Mutter – der Erde.«

Bereits in der biblischen Schöpfungserzählung erscheint die Erde (als Festland und Humus) als eine durch ihre Lebensmacht selbsttätige Mitarbeiterin des Schöpfers, welche die Vegetation sprießen läßt (1. Mose 1,11f.). Zwar wird sie nicht »Mutter« genannt, als »mütterliche« Wachstums- und Lebensmacht jedoch ins Schöpfungsgeschehen integriert.

Es ist nicht Zufall, sondern Reaktion auf die totale Vernichtungsdrohung, daß jetzt die Rede von der »Mutter Erde« wieder vermehrt hörbar wird. Darin zeichnet sich ein Umdenken, Neudenken ab, erwachter Erdpatriotismus oder Erdmatriotismus, ein Aufstand der Biophilie (Lebensliebe) gegen die Nekrophilie (Todesliebe).

Meine Erfahrung ist, daß es ohne Lebensliebe keine erotische Liebe gibt und daß diese jene immer von neuem erweckt. Franz von Baader abwandelnd behaupte ich: Dem Verhalten des Menschen zur Schöpfung Gottes entspricht sein erotisches Verhalten, dem Kultus der Eros, und wie er mit seiner Mutter, der Erde, steht, so steht er mit seinem / seiner Geliebten. Wogegen die nekrophile Mentalität der atomaren und ökologischen Zerstörung zwar nicht den Sexus, wohl aber den Eros verkümmern läßt.

Mit der Geschichte droht auch Gott ausgelöscht zu werden

Erregte die Spruchkarte aus dem Seeschloß meinen entschiedensten Widerspruch, so fand dafür eine Äußerung des Erzbischofs von Seattle/USA, R. G. Hunthausen, meine ungeteilte Zustimmung:

»Wenn wir uns selbst als Körper Christi sehen, wenn wir in uns die Gegenwart von Jesus auf der Welt sehen, wie es die Heilige Schrift lehrt – dann würden wir mit den Millionen und Abermillionen Menschen, die in einem Atomkrieg sterben, auch unseren Erlöser zerstören. Denn Christus und die menschliche Familie sind eine Einheit.«

Die Zerstörung der Menschheit und ihrer Geschichte würde mit aller Vergangenheit auch das vergangene Heilsgeschehen auslöschen. Niemand wäre mehr da, der sich seiner erinnern, sich seiner Segenswirkungen erfreuen könnte.

Die Pflicht zur Bewahrung der – gewiß unerlösten, gewiß oft grauenhaften und ungerechten – Geschichte gehört heute zur Auslegung und Praxis des ersten der zehn Gebote: »Ich bin der Herr, dein Gott, der ich dich aus dem Lande Ägypten, aus dem Sklavenhause, herausgeführt habe; du sollst keine anderen Götter neben mir haben.« (2. Mose 20,2)

So redet Jahwe, der Gott, der sich auf die Geschichte von uns Menschen einläßt und den Sklaven in Ägypten eine exemplarisch neue und freiere Zukunft schenkte. Seither zielt Gottes Heilshandeln immer von neuem auf Befreiung, aber nicht auf Befreiung *von* der Geschichte, sondern auf Befreiung *in* der Geschichte im Hinblick auf eine Befreiung *der* Geschichte. Wer Gott die Geschichte gleichsam unter den Füßen wegzieht oder dieses Wegziehen widerstandslos geschehen läßt, löscht damit auch den biblischen Gott »für uns«, »mit uns«, »vor uns« aus. Deshalb fordert das erste Gebot uns heute dazu auf, die Geschichte vor einem jetzt möglich gewordenen, gewaltsamen und endgültigen Abbruch zu bewahren, damit ihr Fortgang das Heils- und Befreiungsgeschehen weiterhin wahr und wirkungsmächtig bleiben läßt.

»Du sollst keine anderen Götter neben mir haben« meint somit: keine Götter, die grünes Licht geben für den atomaren Holocaust und dessen Vorbereitung. Just ein solch »anderer« Grünlichtgott resp. Grünlichtchristus grinst zwischen den ach so »frommen« Zeilen der oben zitierten Spruchkarte aus dem Seeschloß hervor: »Und das ist kein Wunder; denn der Satan selbst verkleidet sich in einen Engel des Lichts.« (2. Korinther 11,14)

Wo die Bereitschaft wächst, der Geschichte gegebenenfalls ein Ende zu setzen, meldet sich Eros schon vorher ab. Was bleibt und was, wie wir sehen müssen, zunimmt, ist gewalttätiger Sex, sind Sado/Maso-Praktiken. Mit Eros hat das nichts mehr zu tun. Der Eros will Frieden, nicht Gewalt, Freude, nicht Qual, Freiheit, nicht Versklavung, Zärtlichkeit, nicht Bestrafung, Leben, nicht Tod. Gewiß gibt es eine uralte Verbindung zwischen Eros und dem Tod, aber mit dem natürlichen Tod, der zum Leben und zur Geschichte eines Lebens ebenso gehört wie zum Leben der Geschichte überhaupt. Weil Eros, ein Fabulierer und Klatschvetter seit jeher, die Menschen und ihre Geschichten liebt, kann und mag er sich ein Ende der Geschichte mit ihren Geschichten nicht vorstellen. Lieber als daß er das tut, meldet er sich ab. Unter potentiellen Geschichtsvernichtern mag es noch sexuelle Handlungen geben, doch keinen Eros. Dieser will Dauer, Fortgang, Geschichte!

Eros und Glaube als Geschwister

Selbst eine Verschrottung bestehender Weltvernichtungssysteme würde das Wissen, wie die Welt vernichtet werden kann, nicht mehr beseitigen können. Der Verdacht, daß hinterrücks doch irgendwo wiederum neue Vernichtungssysteme – noch unauffälligere vielleicht, noch wirksamere – geplant oder sogar entwickelt werden, wird die Menschheit im Fall ihres Fortlebens inskünftig begleiten. Wir haben eine Erbschaft angetreten, die wir nicht mehr loswerden.

Oft hört man sagen, die Menschheit insgesamt habe jetzt jene Freiheit zum Selbstmord erreicht, die der einzelne Mensch immer schon hatte. Das hört sich eindrucksvoll an, ist jedoch falsch. Die Menschheit denkt überhaupt nicht daran, sich das Leben zu nehmen! Man veranstalte dazu nur einmal eine globale Abstimmung – das Resultat, daran zweifle ich keinen Moment, würde eindeutig ausfallen. Eros als Lust zum Leben, als Lust des Lebens würde denen, welche die Spezies Mensch schlechthin zur Selbstmörderin »befördern« möchten, einen überwältigenden Denkzettel verabreichen. Als Lust zum Lebendigen agitiert der Eros unentwegt für die Schöpfung und ihre Geschöpfe. Damit steht er dem Schöpfer unendlich viel näher als jene gefährlich frommen Schwärmer, die von einem atomaren Harmagedon träumen.

Nein, die Vernichtung der Menschheit würde Mord,

nicht Selbstmord, die Gattung das Opfer einzelner, nicht die Täterin sein. Die Rede vom »kollektiven Selbstmord« lügt, teils wohl, um Verantwortlichkeiten zu verwischen, teils auch, um dem Opfer den Heroismus einer freien Entscheidung zu suggerieren.

»Unsere Schwester Mutter Erde« will aber nicht geschwister- und kinderlos, das heißt menschenlos werden. Und Gott, der sich in Christus (aber auch in anderen Religionen) mit der Menschheit verbunden hat, will nicht, daß seine Geschichte mit uns Menschen gewalttätig abgebrochen wird.

Woher ich das weiß?

Eros souffliert es mir.

Eros, der mich immer wieder zur Bejahung des Daseins im einzelnen und im ganzen, im eigenen und im anderen überredet, überlistet. Eros, ein elementarer Grundtrieb, in dem sich, wer weiß, der Triebgrund allen Lebens individuell manifestiert. Eros, der – so scheint es – nicht den Sinn des Lebens sucht, sondern in den Sinnen lebt und vielleicht gerade dadurch dem Sinn des Lebens am nächsten kommt. Eros, der meinen Tod nicht verbirgt, ihn mir vielmehr vor Augen hält: Mein Tod gehört zu meinem Leben, er gehört zum Leben überhaupt und ermöglicht dessen Weiterentfaltung. Wogegen die Drohung mit der Vernichtung des Lebens auf der Erde anti-erotisch ist, der Anti-Eros par excellence.

Angesichts der absoluten Drohung finden Eros und Glaube zusammen wie Geschwister, die sich lange aus den Augen verloren und aufgrund mancher Gerüchte nicht nur verkannt, sondern bekämpft haben. Der Glaube braucht den Eros – das zeigt sich allmählich –, um nicht zum Erfüllungsgehilfen der Vernichtung zu werden, sei's durch manichäischen Dualismus, sei's durch eine politisierte Harmagedon-Apokalyptik. Überhaupt ist heute vor schnellen Verweisen auf die Apokalypse zu warnen. »Apokalypse« heißt: »Enthüllung, Offenbarung«. Der atomare Holocaust würde jedoch nichts offenbaren, er würde alle Offenbarung für immer auslöschen.

Aber auch Eros braucht – so wird jetzt erkennbar – den Glauben an den Bund Gottes mit der Menschheit. Wie soll er ohne diesen Glauben an Gottes Treue dem Leben treu bleiben und weiterhin für es agitieren können? Wie soll er, abgesehen von Gottes Weltlust, noch Lust zu uns und für uns haben?

Gemeinsam beschwören uns der Glaube und der Eros, den Weltvernichtern in den Arm zu fallen, die Erde und ihre Geschichte zu retten. Das kann nur gelingen, wenn in unserem persönlichen Leben die Erotik gläubiger und der Glaube erotischer wird.

Es ist nicht Zufall, daß neuerdings der Eros auch in der Spiritualität Jesu entdeckt wird, bei Fulbert Steffensky zum Beispiel so: »Er hat nicht nur gesagt: Gott liebt euch und liebet einander. Er hat dieser Liebe sein Pathos gegeben, seinen Tanz, seinen Ausdruck und seine Sinnlichkeit. Er war ein Prediger und Dramaturg. Er hat nicht nur Freundschaft gestiftet, sondern auch Gesten dieser Freundschaft erfunden und ihr Zeichen gesetzt: Brot und Wein, Öl und Wasser, Segnungen und Umarmungen, Fußwaschungen und In-den-Sand-Schreiben, Fasten und Trinken wurden zu neuen Gesten des Lebens. Die Erotik des von ihm gestifteten Lebens nahm Gestalt an in der Sinnlichkeit der Zeichen. Erotisch ist ein Zeichen dann, wenn es noch nach dem Leben riecht, das es ausdrücken soll, wenn also Freude oder Trauer, die Hoffnung oder die Verzweiflung, die Liebe oder der Haß an ihm noch unmittelbar ablesbar sind.«

Einst war Eros ein loses Bürschchen, das halb boshaft, halb neckisch Liebespfeile verschoß. Seinen Schabernack trieb es in einer Welt, die die Griechen für ewig hielten. In Jesus begegnet ein anderer Eros, ein erwachsener jetzt, der weiß, daß die Welt zeitlich und endlich ist. Anstatt des Knaben, der mit seinen Flügeln jeder existentiellen und gesellschaftlichen Realität gleich wieder entfliegt, stellt sich in Jesus ein erwachsener Eros den Realitäten. Keine Flügel retten ihn vor Zugriff und Tötung. Das Kreuz offenbart die Welt als eine gewalttätige, die nicht Liebespfeile verschießt, sondern mit einer Lanze in die Wunde des wehrlosen Opfers stößt. Erst in dieser Konfrontation hört Eros auf, unverbindlich zu sein. Am Kreuz leuchtet seine heilige Verbindlichkeit auf: Er hat seine Zukunft erst noch vor sich, in den Ostergeschehnissen zeichnen sich ihre Konturen ab. Darum wehren Glaube und Eros sich heute einträchtig für die Erde, erheben erotischer Glaube und gläubige Erotik ihre Stimmen gegen die Zerstörung der Zukunft. Sie erheben nicht allein ihre Stimmen, in bunten Demonstrationen, Aktionen, Ritualen setzen sie ihre Sinne, ihre Körper, ihre Phantasie ein. Selbst die Frage von Novalis: »Ist die Umarmung nicht etwas dem Abendmahl Ähnliches?« scheint in diesem Zusammenhang nicht länger verstiegene Schwärmerei zu bleiben. Jedenfalls scheint mir zwischen dem Eros der Bejahung und dem Widerstand gegen die Vernichtung ebenso eine Beziehung zu bestehen wie zwischen »frommem« Anti-Erotismus und insgeheimem Einverständnis mit der Vernichtung.

Das Symbol der Taube

Sub specie annihilationis – angesichts der Vernichtung – hört der Konflikt zwischen Glaube und Eros auf, ein solcher zu sein. Agape und Eros, Caritas und Amor, Nächstenliebe und erotische Liebe sind nicht Feinde, sondern Geschwister. Sie schließen sich nicht gegenseitig aus, sie ergänzen einander. Die Taube des Heiligen Geistes war, als Taube der syrischen und der griechischen Liebesgöttin, ebenfalls ein erotisches Symbol. Lange ist diese Doppelnatur des Tauben-Symbols verdrängt worden. Dazu besteht kein Anlaß mehr. Der Geist Gottes ist ebenso erotisch wie der Eros geistig, die Agape liebt den Eros wie dieser jene: Gemeinsam bejahen sie das Leben und seine Zukunft. Die beiden Flügel der Taube, so könnte man deuten, stellen den Doppelaspekt von Nächstenliebe (Agape) und erotischer Liebe dar. Mit nur einem Flügel ist die Taube – im übrigen ja auch ein Symbol des Friedens! – flugunfähig.

Ich gehe noch einen Schritt weiter mit der Behauptung, daß die Taube mit den beiden Flügeln Agape und Eros ein Ehesymbol ist.

Wie komme ich zu dieser Behauptung? Nicht aufgrund abstrakter Spekulation, sondern aufgrund eigener, konkreter Eheerfahrung. Ich weiß, daß damit meine Behauptung jede Allgemeingültigkeit verliert. Sei's drum! Dann bleibt die Taube mit dem Agape- und dem Eros-Flügel eben ein Symbol ehelicher Privatmythologie. Ich denke auch gar nicht daran, mit ihm die eigene Eheerfahrung verallgemeinern zu wollen. Ebensowenig will ich mir diese Erfahrung freilich ausreden lassen. Inmitten einer Gesellschaft, die auf ständigen Wechsel, auf schnellen Konsum und ebenso schnelles Wegwerfen – bis hin zum Wegwerfen des Ganzen! – aus ist, erlebe ich Ehe als das Gegenteil, nämlich als eine Lebensform schöner Langsamkeit und Verläßlichkeit. Wo alles grenzenlos ausufert, auswuchert, setzt sie sich Grenzen. In diesen Grenzen bildet sich etwas wie mitmenschliche Heimat, Geborgenheit. Darin kann Ehe sich entfalten als »das Abenteuer erotischer Weisheit« (Ernst Bloch).

In der Verbindung von Eros und Nächstenliebe, von Sexus und Treue entwickelt die Ehe ihre eigene Spiritualität. Wo rundum Profit das Zepter schwingt, wo der Mehrwert alle anderen Werte verdrängt, wo gerafft und spekuliert, erobert und ausgebeutet wird, lebt die Ehe – und nur so kann sie leben! – vom Teilen. Eheleute teilen sich einander nicht nur mit in jenem Dauergespräch, das Ehe immer auch ist, sie teilen Tisch und Bett, Leben und Geld, Lust und Leid, Probleme und Enttäuschungen miteinander. Insofern hat die Ehe tatsächlich etwas zu tun mit dem Sakrament des Teilens, mit dem Abendmahl. Wie dieses signalisiert sie eine Bejahung, die so elementar ist wie die Zeichen von Brot und Wein, die sowohl die Schöpfung symbolisieren wie denjenigen, der für das Leben aller starb.

Ehe demnach als gelebtes Bekenntnis für die Welt und gegen deren Vernichtung? Als Bekenntnis für den Fortgang des Lebens und gegen dessen Auslöschung? Und so auch: Ehe als Einübung schöpferischen Friedens, zu dem es keine Alternative mehr gibt?

Ich erfuhr es bisher so. Die Taube mit den Flügeln Eros und Agape symbolisiert für mich den Geist der Ehe als eine Möglichkeit, dem Geist göttlicher Weltleidenschaft und Lebenstreue zu entsprechen und vor dem Ungeist der Vernichtung nicht zu resignieren.

Beten für den Fortbestand der Welt!

Fast immer hatten die alten Mythen von der Erschaffung oder Entstehung der Erde ihren Sitz im kultischen Leben. Sie beschworen oder erbaten den Fortbestand der Schöpfung.

Unter der Vorherrschaft des wissenschaftlich-analytischen Denkens, das nach den Urelementen und nach dem »Wie?« der Weltentstehung fragte, ist dieser Sorge- und Bittaspekt der Schöpfungsmythen der Verachtung anheimgefallen und auch in den Kirchen in Vergessenheit geraten. Ohnehin hielt man, dem »Fortschritt« blind vertrauend, den Bestand und die Zukunft der Welt für selbstverständlich. Jetzt aber zeigt sich, daß eben dieses wissenschaftlich-analytische Denken, umgesetzt in technische und ökonomische Macht, den Bestand der Welt gefährdet.

Zeit also, wiederum für den Fortbestand der Erde, für den Fortgang der Geschichte zu beten! Noch geschieht das in unseren Gottesdiensten kaum. Noch können Christen von sich nicht kühn behaupten, wie es einst Aristides von Athen in seiner Verteidigung des Christentums gegenüber Kaiser Hadrians getan hat: »Ich hege keinen Zweifel, daß nur durch das flehentliche Gebet der Christen die Welt noch fortbesteht.« (Apologia 16,6) Noch bleibt der Eros zur Welt, die Lust zum Lebendigen, die Zärtlichkeit zu »soviel berauschender Vergänglichkeit« (Elisabeth Langgässer) christlich und liturgisch zu wenig artikuliert. Möglicherweise entspringt dieser Mangel einer antierotischen Gottesvorstellung patriarchalen Zuschnitts, hängt zusammen mit dem nach wie vor virulenten Gottesbild des unzugänglichen, herrisch unbeeinflußbaren

Autokraten. Gott aber ist, die Dreieinigkeitslehre deutet es an, dialogisches Mysterium. Der Eros des Gesprächs, des Hörens und Eingehens auf uns, seine Geschöpfe, ist ein Wesenszug seiner Agape, seiner Liebe. Daraufhin sollen Gebete überhaupt, soll insbesondere die Bitte um den Fortbestand der Welt artikuliert werden. Warum sie nicht in jedem Gottesdienst laut werden lassen? Warum nicht ab und zu formulieren:

»Dein Reich komme,
Deine Welt bleibe!«

Oder umgekehrt und besser noch:

»Deine Welt bleibe,
Dein Reich komme!«

Damit und auch mit entsprechenden anderen Gebeten und liturgischen Anrufungen wird keine einzige Pershing II oder SS 20 entfernt, wird kein einziger Baum und kein vergiftetes Gewässer gerettet. Dennoch bleiben Gebete nicht folgenlos. Gerade, wenn sie einen festen liturgischen Platz haben, entwickeln sie, nicht zuletzt durch Wiederholungen, in den Betenden eine gewisse Präge- und Motivationskraft. Auch kann sich eine Kirche, in der das Gebet für den Fortbestand der Welt selbstverständlich wird, konkreten Stellungnahmen in Fragen des Friedens und der Ökologie auf die Dauer nicht mehr entziehen. Vielleicht war es bisher just die Angst vor – auch politisch! – verbindlichen Stellungnahmen, die dem Gebet und der Liturgie für den Fortbestand der Welt im Wege standen?

Für mich besteht kein Zweifel: Der Eros der Weltbejahung sucht heute seinen christlichen und darum auch seinen liturgischen Ausdruck! Ohne ihn droht der Glaube einer weltlosen, die Welt preisgebenden Jenseitigkeit zu verfallen und zum Verräter der Schöpfung Gottes zu werden. Die eingangs zitierte Spruchkarte ist dafür ein warnendes Signal.

Ohne den Glauben an die göttliche Weltleidenschaft und Weltlust, die so stark ist wie der Tod des Gekreuzigten, muß auch der Eros mit dem Schlimmsten, mit dem Triumph von Gewalt und Vernichtung rechnen, was ihm schon jetzt alle Lust nehmen kann.

Miteinander leben Glaube und Eros heute von der Hoffnung, die der russische Filmregisseur Andrej Tarkowski so zugespitzt formuliert hat: »Die einzige Hoffnung, die bleibt, ist, daß der Mensch in jenem letzten Moment, in dem er noch den Computer ausschalten kann, von oben her erleuchtet wird. Nur das kann uns noch retten.«

Gottes Eros

»Ist's nicht ein Übermaß, woran wir
Unsern Gott erkennen? Denn etwas tun, das not ist,
Liegt rein in der Natur, ist animalisch, mineralisch: aber
Perlmuttbrücken über den Regen schlagen
Und Märchenglanz über den Mond, heimliche Regen-
bögen
In den Schulp der Tiefseemuschel legen
Und den notwendigen Beischlaf zur Fortpflanzung
Zu Feuerschönheit anfachen,
Daß selbst das Unkraut sich nicht ohne Blüte mehrt« *
– DAS, ja allerdings, ist heilige Verschwendung,
ist der Eros Gottes,
der weit über Zweck und Bedarf hinausgeht
und unsere geizigen Ichs ebenso beschämt
wie multinationale Gewinngier!

Und nun, du Liebender,
sollen Deine zarten Erfindungen, wilden Verschwen-
dungen
bis zum bittern Ende vermarktet, vergiftet werden
und soll der Hinrichtung Deines Sohnes
auch die unsrer Schwester, der Mutter Erde, folgen?
Nicht doch, nicht doch!
Zwing uns zur Umkehr,

* Aus dem Gedicht »Gottes Exzesse« des Amerikaners Robinson Jeffers (1887–1962). In: Robinson Jeffers, Gedichte. Deutsch von Eva Hesse. Passau 1984.

führ uns zur Einsicht
durch die schöne Frau Weisheit,
die vor Dir spielte seit Anbeginn schon,
zu Deinem Entzücken.*

* Vgl. das alttestamentliche Buch der »Sprüche«, 8,22–31.

Götze Ewigkeit oder Ewigkeit Gottes?

Worin, unter anderem, unterscheidet sich Gott von seinen Geschöpfen? Durch seine Ewigkeit. So lehrt die Theologie seit jeher: Wir sind zeitlich, er ist ewig.

Genau genommen kann »ewig« als Eigenschaftswort nur Gott beigeordnet werden und ist das Hauptwort »Ewigkeit« ein anderes Wort für Gott. Löst man dieses Wort von Gott und verselbständigt es, so wird ein Götze daraus. Chesterton hat diese verselbständigte Ewigkeit einprägsam apostrophiert: »Ewigkeit, der größte der Götzen, Gottes gefährlichster Konkurrent.«

Wissen wir Sterbliche überhaupt, was Ewigkeit ist? Wir wissen es nicht, können es nicht wissen. Darum wird so viel über sie spekuliert. Dennoch entzieht sie sich unserem Denken stets von neuem und bleibt, was sie ist: ein Geheimnis der göttlichen, nicht der menschlichen Existenz.

In der Regel haken unsere Gedanken denn auch nur an einem bestimmten Punkt ein, an dem für uns schmerzlichsten, nämlich an der Tatsache, daß wir sterben müssen. Ewigkeit wird so zur Unsterblichkeit. Ach, wir möchten doch so gerne unsterblich statt sterblich sein! Was diese Unsterblichkeit sein soll, bleibt freilich unklar. Der Dichter Dr. Owlgass reimte:

»Unsterblichkeit? Ich schätz' sie hoch,
wird sie nur recht verstanden:
man lebt so weiter und ist doch
gottlob nicht mehr vorhanden.«

Oft steht hinter dem Wunsch nach Unsterblichkeit die blanke Unverschämtheit des Ego, das eben doch so sein möchte wie Gott selbst: »Oh, krüpplichte Unsterblichkeit, die unser jämmerliches Ich, mit all seinem Unrat, so dünn und kläglich, ins unendliche fortspinnen möchte!« (Arno Schmidt) Und tatsächlich legt die Bibel solcher Unverschämtheit des Ego gleich wieder einen Riegel vor mit der Feststellung, daß Gott allein Unsterblichkeit hat (1. Timotheus 6,16).

Unsterblichkeit ist jedoch nur ein und vielleicht nicht einmal der wichtigste Aspekt der Ewigkeit. Wie denn überhaupt alle quantitativen Vorstellungen (endlos, unbegrenzt, zeitlos usw.) das Geheimnis der Ewigkeit banalisieren. Geht es in der Ewigkeit nicht um eine andere *Qualität*? So wie Gott selbst eine andere *Qualität* ist? Noch einmal: »Ewigkeit ist nichts anderes als Gott selbst.« (Thomas von Aquin)

Um ganz persönlich, ganz subjektiv zu sprechen: Ich glaube, daß ich von Gott nicht für die Ewigkeit, sondern für ein zeitliches Leben geschaffen worden bin. Ich halte es sogar für ziemlich unanständig, ewig leben und somit wie Gott sein zu wollen. Ewig Kurt Marti oder ein ewiger Kurt Marti sein zu müssen – unausdenkbar, entsetzlich! Damit wäre ich ja selber zum Götzen, zu Gottes – zwar nicht gefährlichem, aber lächerlichem – Konkurrenten geworden! Ich lebe gern, aber muß es deswegen gleich ewig sein – ewig im Sinne von endlos, nicht mehr aufhörend?

Welches ist denn aber meine Hoffnung hinsichtlich eines »Nachher«? Weil ich gern lebe, möchte ich, daß das Leben weitergeht und andere ebenfalls gern leben können in einer Welt, die lebenswert bleibt. Ein bißchen, wie Ernst Jandl schreibt:

»wir sind die menschen auf den wiesen
bald sind wir menschen unter den wiesen
und werden wiesen, und werden wald
das wird ein heiterer landaufenthalt.«

Salopp? Vielleicht. Dennoch der Wunsch, die Bitte fast schon, daß die Wiesen, der Wald nicht mit uns, durch uns sterben, vielmehr mit uns, durch uns leben.

Doch zugegeben: die Verwandlung in das Leben von Erde, Wiese, Baum genügt mir nicht. Zu gerne würde ich – unbescheiden genug! – etwas vom Geheimnis Gottes erfahren dürfen. Also doch Ewigkeit? Ja, aber diejenige Gottes! *Davon* möchte ich noch etwas »sehen« dürfen, wenigstens einen Zipfel, einen Lichtstreifen oder was immer. Und ich stelle mir vor, daß ein solcher Anblick, und wärs nur ein Augen-Blick, genügen würde für immer, daß danach kein Wunsch mehr offen bliebe, kein weiteres Leben noch erstrebenswert, noch sinnvoll wäre. Danach gäbe es nichts mehr, doch wäre dieses Nichts nunmehr ein göttliches, kein nihilistisches.

Ich weiß, ich lasse mich mit solchen Phantasien weit auf die Äste hinaus, zu weit vielleicht, denn alsbald habe ich keine Worte mehr für das, was in mir eine Art Bild ist, wobei allerdings auch »Bild« bereits ein unzulängliches Wort ist, denn dieses Bild ist nicht starr, es fluktuiert, oszilliert und läßt mich so merken, wie wenig ich im Bilde bin.

Dennoch: falls ewiges Leben eine solche Gewahrung, Berührung von Gottes Gegenwart meint – ob Schau, ob Ekstase oder was immer –, dann ja, dann erhoffe ich es, freue mich darauf! Ein ins Endlose erstrecktes Weiter-Leben in endlos gewordener Zeit – diese falsche Ewigkeit, dieser Götze und Gotteskonkurrent! – hätte für mich dagegen nicht die geringste Anziehungskraft, im Gegenteil, es stieße mich ab.

In theologischen Begriffen formuliert: meine Hoffnung ist nicht die Unsterblichkeit, sondern die Auferstehung in jene überwältigende Gegenwart Gottes, von der ich eben zu sprechen versuchte. Mit Unsterblichkeit meint die Überlieferung Unsterblichkeit der Seele, womit dieser Unverderblichkeit endlose Dauer zugesprochen wird. Was immer man unter »Seele« verstehen mag – ich glaube nicht, daß irgendein Teil des Menschen unsterblich ist. Im Tod sterben Körper und Seele – diese Zwillinge! – gleichermaßen. Dafür meine ich mich auf die Bibel und das biblische Menschenbild berufen zu können.

Das Alte Testament kennt überhaupt kein »Nachher«, kein individuelles Sein nach dem Tode. Das ist um so imponierender, weil mit dieser radikalen Diesseitigkeit bekanntlich eine ebenso radikale Leidenschaft für Gott verknüpft ist.

Das Neue Testament spricht von Auferstehung, Auferweckung – in Analogie zur Auferstehung Jesu – als von einer Auferstehung, Auferweckung des *Leibes*! Von »Seele« ist in diesem Zusammenhang nicht die Rede.

Ich, ein Unverständiger in diesen Dingen, verstehe das so (weil auch Unverständigkeit nicht ohne Vorstellungen auskommt): einmal noch soll der ganze Mensch der Gegenwart Gottes gewürdigt werden, die in ihrer Qualität und Ewigkeit weit mehr ist als ein seelisches Geschehen, eine Ekstase der Materie vielleicht, ein Zusich-selber-Finden gerade der Leiblichkeit: »Leiblichkeit ist das Ende der Werke Gottes« (Oetinger). Und darin eingeschlossen die erfüllte Gerechtigkeit, die auch erfüllte Leiblichkeit ist, so wie Ungerechtigkeit und Elend versagte, vorenthaltene, zerstörte Leiblichkeit sind. Darum bleibt in der Auferstehung des Leibes durchaus das Gericht über diejenigen mitgedacht, die andere an der Erfüllung ihrer Bedürfnisse und Möglichkeiten gehindert haben.

Verstehe ich das alles aber richtig?

Wahrscheinlich nicht. Dennoch scheint mir, was ich weder richtig verstehen noch zulänglich formulieren kann, befriedigender und einleuchtender als jene leichter formulierbaren Vorstellungen, die bloß auf die Endlosigkeit uns bekannter Größen (Zeit, Leben, Welt) hinauslaufen und – konsequent durchdacht – eher etwas mit einer Hölle als mit dem zu tun haben, was die religiöse Tradition Himmel nennt.

Auferstehung des Leibes also!

Aber sie verschlägt uns nicht nur den Atem, sondern auch das Denken. Wir reden und wissen im Grunde nicht, wovon wir reden. Wir stellen uns vor, was, weil Auferweckung eine Tat Gottes ist, unvorstellbar bleibt, eine »heilige Fremde« (Hölderlin). Vermutlich betrachtet Gott unsere Gedankenturnerei über Zeit und Ewigkeit wie unsereins Kinderzeichnungen anschaut: mit nachsichtiger Großzügigkeit. Entscheidend sind nicht unsere Vorstellungen übers »Nachher«, entscheidend ist das Jetzt – »Rien qu'aujourd'hui«, nichts als heute (Therese von Lisieux) – und die Einsicht, daß Nichtlieben Tod (schon jetzt), Lieben aber Leben (ewig schon jetzt) ist.

Auferstehung des Fleisches?

Sotto voce
                – als gälts,
                vor Kirchenräten
                ein obszönes Geständnis
                zu machen –
gebe ich zu:
                oft mag ich
                das Wort von der
                »Auferstehung des Fleisches«.
Ha! Wie verwirft
Freund I
seine Hände:
                O Schnapsidee
                verschrobener Mönche!
Dann eben,
nun gut:
                doch ließ
                mich die Schnapsidee
                nie mehr
                ganz los.
Um so mehr
bedrängt mich
Freund II:
                Wie aber
                und wo denn?
O Mann,
wenn ich
nur wüßte:

auch ich
vermag mir
nichts vorzustellen dabei.

Freund III
(ein Ireniker)
schlägt
Begriffsklärungen
vor:

Sagen wir nobler doch
»Auferstehung des Leibes«
oder noch besser vielleicht
»Auferstehung der Person« –

Da aber
und plötzlich
tauchen
vor meinem
Innenaug' auf:

die Frauen,
die Männer,
die Kinder,
blutig geschlagen
zu Krüppeln geschossen,
in Kerkern gefoltert
und
elend krepiert
oder
napalmverbrannt
oder strahlenverseucht:
zerfetztes,
gequältes,
betrogenes
Fleisch!

Und ich
frag' mich
und frage
die Freunde:

Verspricht »Auferstehung des Fleisches«
am Ende vielleicht
den heiligen Zorn des verratenen Schöpfers,
den Triumph des hingerichteten Sohnes,
die Sehnsucht der exilierten Geistin
nach einer Heimat endlich im Fleisch?

Die fünf Sinne

Fünf?

Sehen, Hören, Riechen, Schmecken, Fühlen/Tasten: fünf Sinne.

Warum gerade fünf? Weil, so heißt es herkömmlicherweise, der Mensch fünf Organe hat, die die Sinnesreize aufnehmen: Auge, Ohr, Nase, Zunge/Mund, Haut.

Spielt vielleicht Zahlensymbolik mit? Fünf war die Symbolzahl der babylonischen Fruchtbarkeits- und Vegetationsgöttin Ischtar. Fünf ist ebenfalls die Zahl des Pentagramms, das heißt des alttestamentlichen Gottesnamens Jahwe. Und so weiter.

Physiologisch gesehen, las ich, habe der Mensch jedoch mindestens zwölf Sinne, nämlich: 1. thermischer oder Wärmesinn, 2. kinetischer oder Muskelsinn, Bewegungssinn, 3. statischer oder Körpergleichgewichtssinn, 4. Schmerzsinn, 5. Raumsinn, 6. Zeitsinn, 7. Gemein-Vitalsinn, 8. Tastsinn, 9. Geruchssinn, 10. Gehörsinn, 11. Geschmackssinn, 12. Gesichtssinn.

Wem zwölf zuviel ist, kann's bei sechs bewenden lassen: viele finden es richtig, zu den traditionellen fünf Sinnen den Gleichgewichtssinn als sechsten dazuzuzählen. Für andere ist der sechste Sinn ein schwer definierbarer Spür-Sinn, eine Art innerer Witterung, eine Mischung aus Instinkt und Ahnungsvermögen.

Und warum, frage ich mich, spricht niemand vom Atem-Sinn? Wer seinen Atem erlebt, macht eine Sinnes-

Erfahrung, die nicht in andere Sinneserfahrungen einzuordnen, immerhin aber zentral, immerhin lebenswichtig ist. Östliche und westliche Meditationspraktiken gehen vom Atem als einem sinnlich empfundenen, sinnlich vollzogenen und gesteuerten Vorgang aus. Biblisch ist der Atem der Ur-Sinn (»Lebensodem«), die sinnliche Ur-Gabe des Schöpfers: Gott ist der »Gott des Lebensodems in allem Fleisch« (4. Mose 16,22). Das hebräische Wort »nephesch« bezeichnet ursprünglich die Kehle, sodann den aus der Kehle fahrenden Atem, davon abgeleitet »das Leben« schlechthin, nicht aber, wie oft übersetzt und bis heute mißverstanden, »die Seele« als edleren, besseren »Inhalt« des leiblichen »Gefäßes«. Man kann »nephesch« schon auch mit »Seele« übersetzen (Psalm 103: »Lobe den Herrn, meine Seele ...«), muß dabei jedoch wissen, daß damit nichts körperlos Innerliches gemeint ist, sondern daß – biblisch verstanden – »Seele« die Leiblichkeit miteinschließt, weil die Grund-Gegebenheit allen Lebens im Atem eine sinnliche ist und bleibt.

Weshalb also nicht: Atem-Sinn?

Und wieso nicht auch: Stimm-Sinn, Sprech-Sinn? Für mich ist Sprechen ein eminent sinnliches Phänomen. Darauf weist auch die Etymologie hin. Glossa, lingua, langue, language verraten: »Die Sprache ist die Zunge« (Martin Heidegger). Daß Sprechen, Sprache ein Sinnes-Vorgang ist, zeigt sich in der Dichtung. Weshalb wird dennoch die Zunge immer nur als Organ des Geschmacks-Sinnes genannt und niemals als Organ eines Sprech-Sinnes, auch eines Stimm- und Musik-Sinnes? Hat das etwas zu tun mit einer von vornherein amusischen, vulgärmaterialistischen Betrachtungsweise? Oder liegt möglicherweise ein dualistisches Vor-Urteil vor? Just diesem jedoch hat die Sprache seit jeher widersprochen: das Wort »Sinn« bezeichnet immer beides, Sinn als Sinnlichkeit und Sinn als Bedeutung, Ziel, »Inhalt«. Das eine ist vom anderen nicht zu trennen. Darum ist es erst recht »sinnvoll«, mit mehr Sinnen, mit mehr Sinnes-Möglichkeiten zu rechnen als nur gerade mit den üblichen fünf.

Dennoch lohnt es sich, den traditionellen fünf Sinnen nachzudenken.

Das Gesicht

Gesicht ist der Seh-Sinn und gibt, weil dieser offensichtlich für beherrschend gehalten wird, auch dem Antlitz seinen Namen. Organ des Seh- oder Gesichtssinnes ist das Auge. Zu Recht wird zwischen Augen- und Ohrenmenschen unterschieden. Die alten Griechen gelten als ausgesprochene Augenmenschen. Homer formulierte in der Ilias als »Lebensminimum« (Karl Kerényi): »... leben und das Sonnenlicht schauen« sowie »... leben und die Augen auf der Erde offenhalten«. Später pries Menander den Menschen glücklich,

> »der ohne Leid geschaut, was herrlich ist
> Auf dieser Welt, und dann, von wo er kam
> Dorthin schnell wieder kehrt zurück. Denn dies:
> Die Sonne, die für alle strahlt, die Sterne,
> Das Meer, der Wolken Zug, des Feuers Glanz –
> Wenn hundert Jahr du lebst, das siehst du stets,
> Und wenn gar wenig Jahre du erlebst.
> Und Höheres kannst du niemals sehn als das.«

Die griechische Religion war eine Religion des Sehens, der festlichen Schau – wer dächte heute, nach so viel abstrakten Kopf-Theorien, noch daran, daß »Theorie« im griechischen Ursprungssinn des Wortes »Schau« bedeutet, somit das Gegenteil intellektueller Verstiegenheit? Sinnliches Schauen zusammen mit geistiger Schau – die Griechen hatten gewissermaßen religiöse Augen. Für die Christen, vollends für nördliche Protestanten unter ihren trüberen Himmeln, ist dagegen das Gehör der religiöse Sinn, muß vor allem gehört werden, eine Religion für Ohrenmenschen halt, Musik ist die bevorzugte Kunst, Ge-horchen eine bevorzugte Tugend. »Äugig« ist die orthodoxe Kirche geblieben, ebenso die südländische Katholizität: beide sind am Bildhaften, an Bildern orientiert, Betrachtung, »contemplatio«, blieb hier wichtig. Im Protestantismus dagegen haben's Augenmenschen schwer. Und doch gibt's ein Gebot Jesu, zu sehen und im Sehen kontemplativ zu betrachten: »Sehet die Vögel an unter dem Himmel! Sie säen nicht, ernten nicht, sammeln nichts in Scheunen, und dennoch ernährt sie euer himmlischer Vater.« Gleicherweise: »Seht die Lilien an auf dem Feld und schaut zu, wie sie wachsen! Sie mühen sich nicht ab, sie spinnen kein Kleid, aber ich sage euch: Nicht einmal Salomo in all seinem Glanz sah so schön wie eine einzige Lilie aus.« (Matthäus 6,26; 28) Da sind Homer, Menander, die Griechen des festlichen Schauens – und zugleich mehr als sie. Sähe unsere – vom »Christentum« geprägte! – Welt heute nicht anders aus, wenn Jesu Seh-Gebot, wenn seine »Schau« tatsächlich nachvollzogen worden wäre? Hat die Welt- und Naturzerstörung, mit der vorab ja »Christen« begonnen haben, vielleicht etwas damit zu tun, daß wir die Welt nicht mit jesuanischen, sondern mit Eroberer-Augen angesehen haben? Augen-Gier verblendet, macht blind auch für Not und Elend der Menschen. Das Auge Jesu hat sich nicht bloß an Vögeln und Lilien erfreut, es hat sich dem Anblick derer gestellt, vor denen andere die Blicke abgewandt haben: der Aussätzigen, der Besessenen, der Kranken und Behinderten. Sein Auge wich dem Elend in seiner Sinnenfälligkeit nicht aus, kein Eskapismus ins Nur-Schöne. Hat er nicht überhaupt die Welt mit den Augen der Verdrängten, Verstoßenen, Entrechteten gesehen? Jedenfalls nicht mit den Augen eines Herrschers und Siegers.

Das Gehör

»Höre, Israel ...« (5. Mose 6,4): so beginnt das jüdische Glaubensbekenntnis. Dahinter steht die israelitische Erfahrung, die danach auch zur christlichen und zur islamischen Überzeugung wird: Gott redet, auf daß der Mensch höre, ge-horche. Im Gegensatz zur Gestalt-Religion der Sichtbarkeit bei den alten Griechen bleibt Jahwe ohne Gestalt, bleibt Stimme: »Die Stimme von Worten hörtet ihr, nur eine Stimme, doch eine Gestalt sahet ihr nicht.« (5. Mose 4,12) So entwickeln sich Religionen des Wortes, der Sprache, der Schrift, des Buches. »Die Sprache ist aus Gott geboren«, sagt Calvin, das Ohr (das äußere, das innere) ist hier gewissermaßen »das« religiöse Sinnesorgan. Dem Ohr zugeordnet ist in solchem Zusammenhang die Musik. In andern ethnischen und religiösen Zusammenhängen ist Musik freilich noch mehr und wird nicht allein mit dem Gehör, vielmehr mit dem ganzen Körper aufgenommen, Hören wird Tanzen, wird Äußerung. In der Tradition reinen

Hörens kommt es zu solcher Äußerung allerdings nicht, Musikhören wird zum Akt der Ver-Innerlichung (geschlossenen Auges oft – in Kirchen war und ist zum Teil selbst die minimalste Äußerung des Klatschens verpönt). Ein anderes Wort für hören heißt übrigens »vernehmen«. Davon leitet sich »Vernunft« ab. Fast möchte man sagen, daß eine so ausgeprägte Wort- und Hörreligion wie der Protestantismus durch die Trias »Wort, Musik, Vernunft« charakterisiert werden kann. Weil Hören der Stille bedarf, hat's das Gehör heute jedoch schwer. Die Kultur des Hörens geht unter im Terror des Lärms. Gegen ihn versucht man sich abzuschirmen durch Dauerberieselung mit Musik (durch Kopfhörer-Transistoren neuerdings auch), was den Lärm verdoppelt. Lärm isoliert die Menschen voneinander, macht sie außerdem krank, der Blutdruck steigt, der hohe Blutdruck erzeugt Hektik, nachgewiesenermaßen auch in karitativen und kirchlichen Tätigkeiten. Hören als Vernehmen dagegen könnte Einvernehmen, Gemeinschaft herstellen. Schon Tucholsky behauptete, der Mensch habe zwei Leidenschaften: »Krach zu machen und nicht zuzuhören. Man könnte den Menschen geradezu als ein Wesen definieren, das nie zuhört.« Wie gesagt: das Gehör hat's schwer, die Gehörschäden nehmen heute zu, symptomatischerweise. Schwer hat's da auch ein Gott, der sich als Stimme, als Wort Gehör zu schaffen versucht – ein Stück Passion des Wortes Gottes wohl auch das. »Wer Ohren hat, zu hören, der höre!« (Matthäus 11,15)

Der Tastsinn

Ihn könnte man auch Berührungs-Sinn nennen – der physiologisch erste Sinn, der sich beim Säugling regt, aus dem die anderen Sinne sich entwickeln: befühlend fängt der Mensch an, sich selbst und seine Umgebung wahrzunehmen. Fühl-Sinn wäre ebenfalls eine mögliche Bezeichnung. Gefühl entspringt allererst nicht dem Herzen, sondern dem Tastsinn. Organ des Ge-fühls ist zunächst keine »Seele«, sondern die Haut, die Hand – eben die Organe des Tastsinnes! Feinfühligkeit hat mit den Händen, Fingern, Fingerspitzen, Takt mit taktil zu tun. Für Blinde wird der Tast-Sinn zum Vikariats-Sinn für das fehlende Gesicht, die Blindenschrift ist eine Tastschrift. Im täglichen Leben heutiger Städtebewohner verkümmern Tast- und Berührungsvermögen, weil immer weniger lebendige Tiere, Pflanzen, Materialien befühlt werden können. Eine Hand, die tags bestenfalls noch Metalltasten und tote Hebel bedient, läuft Gefahr, ihr Gefühl für Lebendiges einzubüßen, aus erotischen Berührungen, Liebkosungen werden sexuelle »Techniken«, als wären die Körper Lustautomaten. Unter derartigen Bedingungen schießen Sexual- und Eheberater faute de mieux wie Pilze aus dem weltlichen, auch aus dem kirchlichen Boden. Dabei wäre der Tast- und Berührungssinn der Königs-Sinn der Erotik! Liebe macht blind, heißt's zuweilen, doch den Berührungs-Sinn verfeinert sie, er ist der kommunikativste aller Sinne. Ein Opfer der Entsinnlichung ist leider weithin auch die Medizin geworden. Oft wird in ihr der Körper ebenfalls als Apparat betrachtet, behandelt (das Herz zum Beispiel als »Pumpe«). Hat das etwas zu tun mit der Tatsache, daß die Kosten des Krankenwesens ins Astronomische explodieren, die Wirksamkeit der Medizin sich in der jüngsten Zeit jedoch nicht verbessert hat? Ich weiß nicht. Jesus hat Kranke durch sein Wort geheilt, sie dabei oft auch berührt. Seine Handauflegung war ebenfalls Mitteilung, Wort sozusagen, teilte Zuneigung, Solidarität und so eben Ge-fühl sinnlich mit: kein Medizinaltechniker, ein bißchen primitiv (so urteilen wir vorlaut), aber wirksam! Als Heiler, als Wiederbeleber unserer Sinne steht Jesus quer und fremd in unseren Kirchen.

Der Geruch

Auf Geruch gründet sich keine Kunst, er hat keine Muse, ist jedoch der archaischste der Sinne. Sein Organ, die Nase, reagiert mit nie begründbarer Unerbittlichkeit. »Jemanden nicht riechen können« heißt: er ist mir zutiefst zuwider. Vom widerwärtigen Geruch zum Gestank ist nur noch ein kleiner Schritt. Gestank signalisiert Gefahr, Bedrohung, Tod. Martha sagt von Lazarus: »Herr, er stinkt schon, denn er ist vier Tage tot.« (Johannes 11,39) Dennoch hat Jesus den Verwesenden ins Leben zurückgeholt, hat den Gestank ausgehalten. Die Tatsache, daß wir in Gestank enden und deshalb rasch beseitigt werden müssen, ist nicht eben erbaulich. Auferstehung dagegen wird mit Wohlgeruch assoziiert. Paulus nennt sich und seine Mitarbeiter »für Gott ein Wohlgeruch Christi (des Auferstandenen) unter denen, die gerettet werden« (2. Korinther 2,15). Gestank signalisiert ferner Armut, Unheil (heute zum Beispiel durch Chemie- und Autoabgase), Duft/Wohlgeruch dagegen zeigt Glück und Behagen an. »Der Atem fristet das pure Dasein, doch mit dem Wohlgeruche zieht die Idee des Überflusses und höheren Lebens ein. Wir werden über Bedarf beschenkt. Hierauf beruht der Zauber des Weihrauchs, des Balsams und der Parfümerien im profanen und kultischen Gebrauch.« (Ernst Jünger) Protestantischen Kirchen ist der Umgang mit Wohlgerüchen und Duftessenzen fremd. Ein bißchen riecht's hier immer nach Schulhaus und Reinigungsmitteln. Letzterer Geruch kann zuweilen ganz appetitlich sein. Der große Kant glaubte, daß wir den Geruchssinn am leichtesten entbehren könnten, er trage uns mehr Unangenehmes als Angenehmes zu.

Der Geschmack

Im Vorwort von Robert Habs zum »Geist der Kochkunst« (1823) des Karl Friedrich von Rumohr liest man: Die Kochkunst ist »das wahre Palladium der Menschheit, das echte Banner des Menschentums, und der Kochlöffel das einzige Zeichen unserer königlichen Würde, unserer angestammten Herrschaft über die Natur.« Der Übergang von roher zu gekochter Nahrung war tatsächlich ein entscheidender Kulturschritt und leitete Verfeinerungen ein; Essen mußte nun nicht mehr bloß den Hunger stillen, es durfte auch schmecken; die Zunge, sich entwickelnd zum »Organ erlesener Sinnlichkeit« (Ernst Jünger), lernte »goutieren«. Überhaupt wird das Wort »Geschmack« zur Bezeichnung sinnlicher und geistiger Kultiviertheit. »Geschmacklos«, »abgeschmackt« bedeutet »unkultiviert«. »Feinschmekker«, rar in allen Bereichen, kommen leicht in den Geruch, elitär oder snobistisch zu sein. Sie verfügen – und das mag Neid erwecken – über eine hohe sinnliche Intelligenz. Ein anderes Wort für schmecken ist »kosten«: »Soll nicht das Ohr die Worte prüfen, der Mund (oder: Gaumen) die Speise kosten (oder: schmecken)?« (Hiob 12,11). Und was besagt wohl die Wendung: »Schmecket und sehet, wie freundlich der Herr ist« (Psalm 34,9)? Das hebräische Wort für schmecken, weiß Hans-Joachim Kraus zu sagen, bedeute »kosten«, »ein wenig genießen«. Geschmack und Genuß sind Zwillinge, in der Tat. Ist Gott demnach genießbar? Wie »schmeckt« man seine Freundlichkeit? Lavater, der gerne von »Gottesgenuß« sprach, verkündete: »Wie du zu genießen weißt, so bist du genießbar.« Geistliche Feinschmeckerei? Christlicher Epikuräismus? Das Neue Testament spricht aber auch vom »Schmecken des Todes« (Matthäus 16,28 par.) – ein bitterer Geschmack wahrscheinlich. Der johanneische Christus jedoch verspricht: »Wenn jemand mein Wort befolgt, wird er in Ewigkeit den Tod nicht schmecken.« (Joh 8,52) Der Hebräerbrief kennt ein »Schmecken« des »herrlichen Wortes Gottes« und der »Kräfte der zukünftigen Welt« (Hebräer 6,5). Ist das »nur« bildhaft gemeint, geredet? Schwer zu sagen. Jedenfalls bewegen sich solche Aussagen jenseits von Feinschmeckerei oder Geschmäcklerei.

Der Sinn der Sinne

»Eure eignen Sinne sollt ihr zu Ende denken!« hat Nietzsche in »Also sprach Zarathustra« gefordert. Zu Ende denkend stieße man vermutlich auf den Sinn. Gibt es aber eine Teleologie oder gar Eschatologie der Sinne? Vorläufig sind die Sinne Elemente eines Sinnes, der noch aussteht, den eine entsinnlichte, uns immer mehr entsinnlichende Zivilisation noch weiter ent-rückt: »Das Netz der Abstraktion fängt alles ein, konstituiert alles, trübt, dämpft, verdunkelt es – unmöglich, sich davon zu befreien ... Wir, letzte Menschen, die jüngsten, abstraktesten, existieren nicht einmal mehr, wir sind Phantasmen.« (Giorgio Colli) Ging's mit den Sinnen zu Ende, bevor wir auch nur begonnen haben, sie zu Ende zu denken? Im Manifest »1984 kommt bestimmt« fordert der Sprayer von Zürich, gewissermaßen in letzter Stunde: »Der Pfeil der Aufklärung muß von den Sinnen abgeschossen werden, um wieder die Sinne zu treffen. Sie können noch allein Hirn und Herz auflodern lassen.« Noch glimmt in den Sinnen Leben, darum zeigen Proteste gegen den Atomstaat, gegen die Verwandlung Europas in Euroshima, gegen den Overkill betont sinnenhafte Züge. Radioaktivität ist das denkbar unsinnlichste Phänomen, gerade deswegen ist sie perfid, aber typisch für den Generalangriff abstrakter Herrschaft auf die Sinne um eines ebenso abstrakten Sinnes willen, der mit unseren Sinnen nichts mehr zu schaffen und deshalb jedes menschliche Maß verloren hat. Hülfe vielleicht Norman O. Browns Forderung: »Die menschlichen leiblichen Sinne müssen vom Besitzsinn unabhängig werden, dann werden sie zum ersten Male menschliche Sinne sein und die menschliche Sinnenfreude wird zum ersten Male erlebt werden«? Das ist bibelnahe formuliert: Habsucht, Besitzgier als »Wurzel aller bösen Dinge« (1. Timotheus 6,10) – als Wurzel auch unserer Sinnenentfremdung, die zur Sinnentfremdung wurde. Wenn etwas in der »Auferstehung« eliminiert sein wird, dann bestimmt der Besitz-Sinn! Ist »Auferstehung des Leibes« nicht überhaupt die biblische Eschatologie auch der Sinne? Nur tappen wir im dunkeln. Ein Versprechen immerhin, wenn auch zugegebenermaßen unfaßlich, unbegriffen: Auferstehung als Versinnlichung des Sinns, als Sinnwerdung der fünf, zwölf oder mehr Sinne. Das Geheimnis aller Sinne ist im Gehirn des Menschen lokalisiert: Nervenfasern melden sämtliche Organerregungen dorthin. Erst im Gehirn werden sie zu Sinnes-Empfindungen. Die Gesamtlänge der in einem Menschen vorhandenen Nervenleitungen beträgt rund 480000 Kilometer – eine astronomische Zahl (Entfernung zum Mond: 384403 km)! Das Gehirn beherbergt etwa 12 Milliarden empfindender sowie motorische Impulse aussendender Ganglienzellen! Davon »gebrauchen«, aktivieren wir bekanntlich bloß einen kleinen Teil, unermeßliche Möglichkeiten liegen in uns noch brach – Möglichkeiten auch der Sinne! Daß der Mensch, bevor er überhaupt fertig entwickelt ist, fertig gemacht werden soll, ist um so sinnloser. Im Moment wird so der Aufstand gegen den Overkill in jeglicher Form zum Sinn der Sinne.

Mein Atem geht

Mein Atem geht –
was will er sagen?

Vielleicht:
  Schau! Hör! Riech! Schmeck! Greif! Lebe!
Vielleicht:
  Gott atmet in dir mehr als du selbst.
Und auch:
  In allen Menschen, Tieren, Pflanzen atmet Er
  wie in dir.
Und so:
  Freude den Sinnen!
  Lust den Geschöpfen!
  Friede den Seelen!

II

Jesus – immer, heute noch

Wer ist Jesus Christus für Sie?

1. Derselbe, der er auch für die Verfasser der Evangelien war: ein Wander-Radikaler, dessen Lebensweise eine fast hundertprozentig andere war als – zum Beispiel – die meine; ein Jude, der inspirierte und einzigartige Sätze sagte; ein Jude, der aus der alttestamentlichen Tradition überraschende und universal gültige Schlüsse zog; ein Heiler körperlicher Leiden; ein freier Mensch, stolz gegenüber Mächtigen, liebevoll gegenüber Machtlosen und Verachteten; ein Mann, der männlich genug war, um das Weibliche in sich nicht verdrängen zu müssen; ein Emanzipator der Frauen; ein Hinführer, sogar Verführer zum Leben, deswegen hingerichtet, deswegen auferstanden.

2. Derselbe wie für Robert Walser:

   »Gewiss er ein gar Guter war,
   er brachte sich zum Opfer dar,
   uns wird er niemals klar.«

3. Der bekannteste Unbekannte.

4. Der, von dem Marie Luise Kaschnitz schrieb:

   »Jesus wer soll das sein?
   Ein Galiläer
   Ein armer Mann
   Aufsässig
   Eine Großmacht

Und eine Ohnmacht
Immer
Heute noch.«

5. Derjenige, dem ich Gott glaube. Für mich deshalb Gottes Wortführer, Gottes Wort.

6. Ein Verworfener.

7. Derjenige (der einzige?), der unseren verrückten und kindlichen Wunsch, sehr zu lieben und sehr geliebt zu sein und hierdurch sehr glücklich zu werden, absolut ernst nimmt.

8. Vermutlich stets wieder: Magnet eigener Wünsche, Hoffnungen, Phantasien, mit denen ich den bekanntesten Unbekannten unablässig neu entwerfe, ihn dabei oft wohl auch verrate oder entstelle – ein Gekreuzigter noch immer, wehrlos mir preisgegeben, in seiner Preisgegebenheit jedoch Glauben weckend, Vorstellungskräfte nährend, Motivationen stiftend wie kein anderer.

9. Ein Gespräch, meist sprunghaft, oft unterbrochen, in das ich stets von neuem verwickelt werde.

10. Derjenige, dem gegenüber ich nie das Bedürfnis, erst recht nicht eine Nötigung verspüre, mich wegen meiner Handlungen oder Versäumnisse, wegen meiner Gedanken oder Wünsche, wegen meines Versagens oder meiner Schuld rechtfertigen zu müssen.

11. Derjenige, der neu anfing.

12. Derjenige, der sein letztes Wort noch nicht gesagt hat.

Jesses!

Du so.
Du anders.
Du nicht.
Du doch.
Dein Leib.
Deine Worte.
Was weiß ich.
Was soll ich.

Komm glaub
mit mir.
Komm geh
mit uns.

Glaube oder Ideologie?

Der Begriff »Glaube« ist neutestamentlicher Herkunft. Gewiß gebrauchte man früher bereits Wendungen wie: »jemandem glauben« oder: »etwas glauben«. Doch erst das Neue Testament schuf die Formulierung: »Glauben an ...« Diese grammatikalisch und logisch neue Prägung verdankt ihre Entstehung der Ausrichtung des Glaubens auf eine Person, auf Jesus von Nazareth als den Christus (= Messias).

Dem Glauben *an* den konkreten Menschen Jesus trat jedoch im Laufe der Zeit der Glaube *an* allgemeine, überpersönliche Mächte zur Seite, z. B. der Glaube *an* den Fortschritt, *an* die Wissenschaft, *an* die Nation, *an* eine Rasse, *an* eine Klasse usw.

Das christliche Erbteil dieser nach-christlichen, oft auch dezidiert a-christlichen Glaubensformen findet sich nicht nur in der aus dem Neuen Testament übernommenen syntaktischen Formulierung, sondern vor allem auch in der messianischen Dynamik, von welcher die erwähnten Mächte und Ideen erfüllt wurden. Oft genug ist etwa die messianische Dynamik des Marxismus oder auch des wissenschaftlich-technischen Fortschrittsglaubens untersucht und betont worden. Ist vielleicht diese »messianische Aufladung« von Mächten und Ideen mit einer der Gründe dafür, daß die politischen Auseinandersetzungen post Christum dramatischer und gefährlicher geworden sind als ante Christum?

Statt von »messianischer Aufladung« könnte man

heute auch von einer »Ideologisierung« der Mächte und Ideen sprechen. Wo der Bezug auf den konkreten Mann aus Nazareth entfällt, wird Glaube zum Glauben an eine Ideologie oder genauer: zum Glauben an die messianische Funktion einer Macht oder Idee – und das ist es, was wir als Ideologie bezeichnen.

Ideologien tendieren auf die Bildung geschlossener Gesellschaftssysteme, die in sich weder Widerspruch noch gar die Negation ihrer selbst ertragen können. Jesus aber ist der Mann, der geschlossene oder sich schließende Gesellschafts- und Kirchensysteme sprengt. Er ist der »Freund der Zöllner und Huren«, das heißt jener Menschen, die gesellschaftlich disqualifiziert sind. Zu allen Zeiten schaffen Gesellschaftssysteme kraft ihrer Schließungstendenz zwei Menschenkategorien: hier die Eingeschlossenen – dort die Ausgeschlossenen. Jesus steht entschieden auf der Seite der Ausgeschlossenen, der Minderheiten – in dieser Feststellung sind sich alle Evangelien einig. Solidarisch mit den »Ausgeschlossenen« wird der Nazarener am Ende selber ein »Ausgeschlossener«.

Glaube, der auf Jesus bezogen bleibt, ist deshalb das Gegenteil jeder Ideologie. Der Widerstreit von Ideologie gegen Ideologie, wie wir ihn heute erleben, darf nicht darüber hinwegtäuschen, daß die wahren Entscheidungen anderswo fallen werden, nämlich im Kampf des Glaubens gegen *jede* Ideologie überhaupt! Immer wieder hat der Glaube an Jesus als den Messias (= Christus) den messianischen Ansprüchen *aller* Ideologien entgegenzutreten mit dem Hinweis darauf, daß keine Idee (auch nicht eine »christliche«) und keine Macht (auch nicht die Kirche) je Heilsbedeutung beanspruchen kann, weil Gott sich weder in einer Idee noch in einer Macht, sondern in einem konkreten Einzelmenschen, in dem Zimmermann von Nazareth, geoffenbart hat. Und dieser Zimmermann war der Außenseiter par excellence der damaligen pharisäischen, sadduzäischen und synagogalen, aber auch der jüdisch-nationalen sowie der römisch-imperialen Ideologien. Auch gesellschaftlich war er ein Außenseiter: in den Augen seiner Mitbürger zu Nazareth galt er vermutlich als Mensch suspekter, vielleicht sogar unehelicher Herkunft; aus der Synagoge wurde er exkommuniziert und als Gotteslästerer zum Tode der Ehrlosen verurteilt.

Der Glaube, daß dieser Außenseiter der Ideologien und der Gesellschaft der Christus (= Messias) sei, kann legitimerweise nicht anders tätig werden, als daß er sich seinerseits der »Brüder« Jesu, nämlich der Schwachen, der Benachteiligten, der Macht- und Rechtlosen, der »Ausgeschlossenen« und Außenseiter, die es überall und jederzeit gibt, liebevoll und aufopfernd annimmt und ihre Sache vor den Mächten und Mächtigen dieser Welt vertritt. Der Glaube an Jesus wirkt damit – soziologisch gesprochen – der Schließungs- und Ausschließungstendenz aller Ideologien und Gesellschaften entgegen. Selbst totalitäre Systeme sind solange nicht vollkommen geschlossen, als in irgendwelchen Winkeln der Glaube an Jesus weiterlebt. Sein bloßes Da-Sein verhindert das Hereinbrechen einer Nacht völliger Gnadenlosigkeit.

Aber auch eine Kirche, die, sobald sie einflußreich, wenn nicht sogar mächtig geworden, sich selbst ideologisch vergötzt und nach gesellschaftlicher Geschlossenheit strebt, hat Jesus gegen sich, d. h. Jesus findet sich auch in diesem Falle auf der Seite der Deklassierten und Ausgeschlossenen. Christlicher Glaube kann dann zur

Ideologie werden, wenn der Glaube an Jesus zum Glauben an das Christentum, an kirchliche Dogmen und Institutionen wird. Die gewiß nicht immer leichte, aber doch fundamentale Unterscheidung zwischen Glauben und Ideologie läßt z. B. den Begriff des »christlichen Abendlandes«, sofern er mehr sein will als ein historischer Hilfsbegriff, fragwürdig erscheinen. Das Heimweh nach dem geschlossenen Gesellschaftssystem des Mittelalters, wie es in restaurativen Zeiten erwacht, kann sich nicht auf Jesus und wahrscheinlich nicht einmal auf eine historische Realität berufen, da die »Geschlossenheit« des Mittelalters mehr ein Wunschbild als ein Faktum zu sein scheint.

Der Parole, einer Ideologie sei nur mit Hilfe einer Gegen-Ideologie zu begegnen, stellt der christliche Glaube also die Überzeugung entgegen: Einer Ideologie ist nur wirksam zu begegnen, wenn man am christlichen Glauben festhält, daß Gott nicht durch Ideologien, sondern durch Jesus von Nazareth, den Außenseiter aller Ideologien, zu uns spricht. Keine Ideologie kann messianisch, d. h. heilbringend sein, wenn dieser Mann aus Nazareth der Messias ist.

Ein Glaube, der auf den konkreten Menschen Jesus ausgerichtet ist, gewinnt im alltäglichen Leben dadurch Gestalt, daß er unser Denken und Tun auf Mitmenschen ausrichtet. Gott will uns im Nächsten begegnen. Jesus sagt: »Was ihr einem dieser meiner geringsten Brüder (nicht) getan habt, das habt ihr mir (nicht) getan.« Ein apokryphes Herrenwort lautet: »Siehst du deinen Bruder, so siehst du deinen Gott.« Der Jude Ludwig Strauß formuliert: »Jeder ist Gottes Bote an den andern.« Der Theologe Rudolf Bultmann sagt zusammenfassend, daß die Verkündigung Jesu uns »in das Jetzt und Hier der

Begegnung mit dem Nächsten weist«. Als Grunderkenntnis biblischer Anthropologie hält Karl Barth fest: »Der Mensch ohne den Mitmenschen ist nicht der Mensch, sondern das Gespenst des Menschen.« Gottes Anruf und Forderung begegnet uns also im Nächsten und der Nächste ist jener, »dem du helfen kannst und der dir helfen kann« (Paracelsus). Der Nächste ist vor allem der Schwache und Ohnmächtige, der Macht- und Rechtlose. Für ihn ergreift christlicher Glaube Partei. Das ist die Schwäche des Glaubens. Ideologien, auch das zur Ideologie gewordene Christentum, sind auf Sieg und Erfolg, damit auf den Beifall und die Unterstützung der »Starken« aus. Der an Jesus orientierte Glaube dagegen solidarisiert sich statt mit den Siegern mit ihren Opfern, statt mit den Gesunden mit den Kranken, statt mit den jeweils Arrivierten mit den Erfolglosen. Der Mensch in seinem natürlichen Erfolgsstreben und damit auch alle von ihm getragenen Ideologien drängen »nach oben«. Gott aber steigt in Jesus von Nazareth »nach unten«. Deshalb drängt auch der christliche Glaube »nach unten«. Mit einem »nach unten« strebenden Glauben aber organisiert man keine Staaten und Weltreiche, auch keine Gesellschaftssysteme – wohl aber Spitäler, Armenheime, Asyle und Irrenanstalten. Christlicher Glaube wird dadurch tätig, daß er in einer Gesellschaft diejenigen Aufgaben anpackt, an die sonst niemand geht, weil sie zu undankbar, zu unrentabel, zu schäbig oder zu wenig spektakulär sind.

Die Schwäche des christlichen Glaubens, seine Solidarität mit den Schwachen um Jesu willen, ist zugleich seine Stärke. Auch wenn dieser Glaube die Sache einer Minderheit, einer nur »kleinen Herde« ist, so wirkt er doch als Salz in der Gesellschaft. Das meinte der Schriftsteller Heinrich Böll, der sagte: »Selbst die allerschlechteste christliche Welt würde ich der besten heidnischen vorziehen, weil es in einer christlichen Welt Raum gibt für die, denen keine heidnische Welt je Raum gab: für Krüppel und Kranke, Alte und Schwache, und mehr noch als Raum gab für sie: Liebe, für die, die der heidnischen wie der gottlosen Welt nutzlos erschienen und erscheinen.«

Schwäche und Stärke des christlichen Glaubens sind darin beschlossen, daß er vor allem als Dienst an den Schwachen tätig wird. Gegenüber Ideologien, die mit messianischem Selbstbewußtsein sich selbst durchsetzen und behaupten wollen, scheint das ein Handicap zu sein. Doch gerade dieses Handicap erhält den Glauben als Glauben und bewahrt ihn davor, ideologisch zu erstarren, in Machtpositionen zu verfetten. Geschieht das trotzdem, wird der Glaube zur Ideologie, die sich eines Tages mit dem Erreichten zufrieden gibt und verkalkt, so weiß Gott dem Abraham aus Steinen Kinder zu erwecken, d.h. der Glaube bricht neu in anderen Menschen und Kreisen auf, wie die Kirchen- und Ketzergeschichte zur Genüge beweist. Letztlich werden die Ideologien mit dem Glauben an Jesus Christus nie fertig. Im Zeichen des Gekreuzigten erwachen stets neue Glaubenskräfte, entsteht immer wieder Bruderschaft und Solidarität mit den Außenseitern und Opfern jeder Gesellschaftsordnung. Wie kann es anders sein, sofern Gott der Vater der Witwen, Waisen und Bedrängten und Jesus der Freund der Zöllner und Huren ist?

So ist das

Denen wir lieber
aus dem Weg gehen
sind Dein Weg.

Die wir lieber
nicht sehen möchten
sind Dein Blick.

Die wir lieber
nicht hören möchten
sind Deine Stimme.

So ist das.
Und so:
bist Du.

Warum ich Christ bin

Dem Umstand, daß ich eingeladen werde, mich zum Thema »Warum ich Christ bin« zu äußern, entnehme ich, daß die Einladenden mich offenbar für einen Christen halten. Das ist verzeihlich. Schließlich bin ich Pfarrer, stehe im Dienst einer evangelisch-reformierten Landeskirche und habe in meinen Publikationen nie ein Hehl daraus gemacht, daß Jesus und seine Botschaft für mich eine Herausforderung sind.

Dennoch ist es mir peinlich, mit schlechtweg allen, die Christen zu sein behaupten, in einem Atemzug genannt oder in den gleichen weltanschaulichen Topf geworfen zu werden. Diese Peinlichkeit wird allerdings dadurch gemildert und korrigiert, daß manche, die bessere Christen sind als ich, mir ihrerseits vorhalten, kein »richtiger« Christ, eher ein bedenklicher Unchrist zu sein, Predigttalar hin oder her. Und wer weiß? Kierkegaard hat die Annahme, daß ein Pfarrer eo ipso Christ, sogar Inbegriff des Christlichen sei, mit evangelischen Gründen und unerbittlichem Hohn bestritten. Wäre dann also Kierkegaard ein »wahrer« Christ gewesen oder hätte zum mindesten die »richtige« Vorstellung davon gehabt, wie ein Christ sein muß? Gibt es »den« Christen überhaupt?

Wie auch immer: in meiner Innensicht bin ich wohl weniger »Christ« als das von außen her scheinen mag. Für einen Menschen aber, der durch Jesus und seine Botschaft herausgefordert, ins Unrecht gesetzt, mit Fragen behelligt, zum Leben ermutigt wird, halte ich mich allerdings.

Wieso aber ist für mich gerade Jesus zu diesem Herausforderer geworden? Wieso nicht Mohammed, die Bhagavad-Gita, Buddha, Lao-Tse?

Das danke ich dem Zufall meiner Geburt inmitten Europas, inmitten eines Kulturkreises, dessen Traditionen durch vielfältige Brechungen und Verformungen hindurch doch immer auch Vermittlungen biblischer Erzählungen, der Gestalt und der Botschaft Jesu gewesen sind! Mohammed, der Nach-Christ, der Nachbar der Christen, interessiert mich; Buddha mutet mich fremder an (doch weshalb waren und sind Buddhisten seit eh gewaltloser als die Anhänger des doch auch mit Entschiedenheit gewaltlosen Jesus?); die Bhagavad-Gita ist mir ein unentdeckter Kontinent, der eben deswegen latente Neugier wachhält; Lao-Tse, dessen Tao-Te-King ich kürzlich las, überrascht mich, weil ich in vielem, was er vom »Tao« sagt, Gedanken und Vorstellungen entdecke, die meinen versuchsweisen Gottesvorstellungen entgegenkommen. Nein, ich glaube an keine exklusive Absolutheit und Überlegenheit der einen Religion über die anderen. Erst recht halte ich nichts vom Absolutheitsanspruch des »Christentums«, der wohl doch ein ideologisches Relikt des europäischen Imperialismus ist – oder dann ethnozentrische Arroganz.

Daß gerade Jesus mein Herausforderer geworden ist, hängt damit zusammen, daß die Geschichte, in die ich nun einmal hineingeboren bin, ihn mir als solchen vermittelt. Das schließt nicht aus, daß Mohammed, Bhagavad-Gita, Buddha, Lao-Tse usw. ebenfalls Herausforderungen sind oder noch werden können – für mich persönlich, für die Christenheit insgesamt. Aber es sind Herausforderungen durch »ein Anderes«, von außen her. Jesus hingegen ist Herausforderung aus dem »Eigenen«, d. h. aus der gewiß oft nur behaupteten und beanspruchten, historisch aber nicht wegzuleugnenden »Christlichkeit« der eigenen Überlieferung.

Könnte ich beliebig wählen, durch wen ich herausgefordert sein möchte, so hörte die Herausforderung auf, eine solche zu sein. Ich würde einfach eine Wahl treffen, Lao-Tse oder Sufismus zum Beispiel, doch bliebe diese Wahl soziokulturell unvermittelt, wäre so etwas wie privatistische Willkür in einem geschichtslosen Raum und darum auch – für mich nicht unwichtig – ein Exotismus im Verhältnis zur Sprache, die mein Denken und das der Menschen um mich herum bisher geformt hat und immer noch formt.

Daß ich in ein bestimmtes Land, in eine bestimmte Sprache, in eine Tradition des Denkens und Handelns hineingeboren worden bin, heißt doch wohl: ich habe das fortzusetzen, weiterzuentwickeln, was da war in denen, die zuvor lebten in dieser Weltgegend, die sich »christlich« nannte und mir tatsächlich die Möglichkeiten, Gefahren, Irrtümer des historischen Komplexes »Christentum« hinterlassen hat, unter dem, so glaube ich, die Botschaft Jesu weiterglimmt, nach bald 2000 Jahren noch immer ein uneingelöstes Versprechen und eine aktuelle Warnung. Diesen Jesus habe ich mir nicht ausgesucht.

In der Frühzeit meiner Entwicklung habe ich mich ihm vehement zu entziehen versucht. Dennoch fiel er mir schließlich zu, fiel mich an in der Konsequenz jenes Zu-Falls, durch den ich in das historische »Christentum« hineingeboren, hineingestellt worden bin. Jesu Zu- oder An-Fall widerfuhr mir – nicht plötzlich, aber allmählich und sehr bestimmt – in jenen Jahren, als das

»christliche Abendland« sich selbst ad absurdum führte und das Bibelvolk der Juden aus seiner Mitte vertilgte.

Welch anderer Art wären Herausforderung und Zumutung gewesen, wäre ich als Jude, Moslem, Hindu, Buddhist zur Welt gekommen? Keine Ahnung. Die Frage ist unbeantwortbar, tauglich bestenfalls als Gedankenübung mit dem Zweck, Juden, Moslems, Hindus, Buddhisten usw., die durch eine entsprechend andere Tradition herausgefordert sind, so ernst zu nehmen wie mich selbst oder meine Mit- und Gegenchristen.

Weshalb nenne ich als Alternativmöglichkeiten nur die religiösen? Weshalb nicht den Atheismus? *Die* europäische Alternative, der spezifisch europäische Beitrag zur globalen Geistes- und Religionsgeschichte ist zweifelsohne der Atheismus, die Negation Gottes.

Nicht atheistisch denken zu können, ist eine meiner Schwächen. Eine Schwäche deshalb, weil sie mich der Möglichkeit beraubt, mit dem Argument aufzutrumpfen: »Auch ich war einst Atheist – aber Gott hat mich überzeugt« (oder so ähnlich). Das Eingeständnis, nicht atheistisch denken zu können, verrät wahrscheinlich eine bestimmte psychische Struktur, mehr kann es – und das eben muß ich als Schwäche bezeichnen – nicht beweisen. Meine Versuche, den Atheismus nachzuvollziehen, sind nie über E. M. Ciorans Satz hinausgediehen: »Gott ist, sogar wenn er nicht ist.«

Für Schmähungen und Beleidigungen Gottes, für Lästerung, Blasphemie bin ich anfällig. Aber das ist noch lange nicht Atheismus, vielmehr sein Gegenteil. Schmähung, Lästerung verraten, daß wir vom Geschmähten, Gelästerten nicht loszukommen vermögen. Oft will mir scheinen, manche Atheismen seien von dieser unechten Art, seien religiös nicht abgenabelt, weshalb sie alsbald

Opfer säkular-flacher Religionen und Gottheiten werden. Sind wir am Ende noch nicht in der Lage, dessen gewahr zu werden, was Atheismus wirklich ist? Dabei ist seit langem die gesellschaftliche Praxis – auch im »christlichen« Europa – atheistisch. Werden uns erst die *Früchte* dieser Praxis zeigen, was Atheismus in Wahrheit ist und bewirkt? Jedenfalls: Atheismus ist für mich etwas noch unnennbar anderes als das, was ich bisher an Atheismus und Atheisten kennengelernt habe.

Vielleicht bin ich Christ, weil ich für mich und insgeheim für uns alle, die wir historisch im Bereich des »Christentums« leben, keine Alternative sehe zur Herausforderung, die Jesus Christus heißt. Liberalismus? Konservativismus? Existentialismus? Sozialismus? Szientismus? Gut und schön! Oft auch: ungut, unschön – wie der geschichtliche Koloß »Christentum« ebenfalls. Mir kommt es vor, als seien diese Weltanschauungen, Philosophien, Sozialsysteme, inklusive »Christentum«, bestenfalls Bruchstücke, Handlungsprovisorien (weil eben *jetzt* entschieden, *jetzt* gehandelt werden muß), aber noch keineswegs das, was unseren tiefsten Bedürfnissen und Möglichkeiten entspricht. Der Gedanke, daß wir mit unseren fragmentarischen Erkenntnissen, mit unserem provisorischen Handeln im Begriff sein könnten, eine irreversible Weltzerstörung anzurichten, erfüllt mich mit Angst. In dieser Angst, die nicht nur die meine ist, lassen mich Liberalismen, Sozialismen, Christentümer – zu schweigen vom Szientismus – erst recht allein, bringt mich ihr forcierter Optimismus erst recht zur Verzweiflung, all diese Selbstbeschwichtigungen des »homo abyssus occidentalis« (Wystan Hugh Auden). Auf einmal scheinen mir die einst ungeliebten, übergangenen apokalyptischen Texte der Bibel realistischer, radikaler, darum hilfreicher zu sein. Auf einmal geht von der Angst Jesu – um die Welt, um Gott in der Welt, um uns Menschen, verdichtet in seiner Angst nachts in Gethsemane, dann am Kreuz – etwas wie brüderliche Solidarität aus: Ich bin nicht mehr allein.

»Er ist die Wahrheit.
Suche Ihn im Königreich der Angst.
Du wirst zu einer großen Stadt kommen,
die deine Rückkehr erwartet
seit Jahren.«

(Wystan Hugh Auden)

Täusche ich mich, wenn ich in manchen Äußerungen Jesu einen Pessimismus glaube feststellen zu können, der sich nichts abmarkten lassen will, auch nicht durch ein angepaßtes »Christentum«, das seine Botschaft auf Optimismus frisiert? Noch weniger hat dieser »Pessimismus« des Nazareners etwas zu schaffen mit einer Gerichtspredigt, die darauf ausgeht, ohnehin schon geängstigte, bedrängte, frustrierte Seelen noch kleinmütiger, noch zahmer, noch gefügiger zu machen. Vielleicht ist »Pessimismus« ein unzulängliches, ein zu schwaches Wort für das, was Auden mit der Metapher vom »Königreich der Angst« meint. Vielleicht sollte man sagen: hier war einer durch den Zustand der Welt zutiefst getroffen und verletzt, lange bevor es ihn persönlich traf, bevor er selber körperlich verletzt und physisch getötet wurde. Dennoch hat er sich keine »harte Haut« wachsen lassen. Selbst der Auferstandene habe seine Wundmale gezeigt (Johannes 20,20), die Zeichen seiner Verletzbarkeit, seiner tödlichen Verletztheit. Sie sind, sie bleiben sein Identitätsmerkmal. Sie bezeugen, daß es schrecklich ist, in die Hände lebendiger Menschen zu fallen, am schrecklichsten für den, der, wie Jesus, eine Vision von den guten und heilvollen Möglichkeiten des Menschen hat.

Das Evangeliums-Stichwort für diese Vision heißt »Reich Gottes«, wörtlich genau »Königreich Gottes« – der Gegenbegriff also zum »Königreich der Angst«, dessen Bürger wir sind. Daß wir uns eine »harte Haut« wachsen lassen (es geht nicht anders, wir brauchen Selbstschutz), droht faktisch immer schon eine Option für das »Königreich der Angst« und gegen das »Königreich Gottes« zu sein: Wir unterliegen dem Zwang zur Anpassung, der Verführung zur Resignation und zum Zynismus. Der »Pessimismus« Jesu dagegen ist – o Wunder! – rein geblieben von Bitterkeit, von galligem Zynismus. Wie soll ich mir das erklären? Mir scheint, hier hat sich einer seine Getroffenheit und Verletzlichkeit ebenso unnachgiebig bewahrt wie gleichzeitig seinen Glauben an die dennoch offene Möglichkeit des ganz andern. Hier hält einer es durch, die Katastrophe kommen zu sehen und dennoch das kommende Reich Gottes auszurufen. Als Theologe kann man diesen scheinbaren Widerspruch ganz hübsch auf Begriffe bringen. Wie aber vollzieht man eine solche Haltung existentiell nach? Das ist die Frage, ist die Herausforderung des Nazareners für mich in einer Zeit, wo unvorstellbare Katastrophen (nach Max Frisch die »Apokalypse der Sachzwänge«) auf uns zukommen, schon längst im Gang sind – Katastrophen, deren Perfidie darin besteht, unabwendbar und doch nicht notwendig zu sein: auch das wiederum ein Widerspruch, der einen verrückt machen kann, der uns mindestens – weil der

Selbstschutzmechanismus der »harten Haut« auch vor dem Verrückt-Werden schützt – mit Angst, mit resignierendem Pessimismus, mit Zynismus erfüllt. In dieser Situation helfen mir Liberalismus, Konservativismus, Existentialismus, Sozialismus und alle anderen -ismen wenig. Ich schaue unsicher, fragend auf den Mann aus Nazareth, den Verletzlichen und Unnachgiebigen, der sich weder von dem, was ich behelfsmäßig »Pessimismus« nannte, noch von seiner Hoffnung auf Gottes schöpferischen Widerspruch zur Katastrophenwelt etwas hat abmarkten lassen.

Die Botschaft Jesu, soweit ich sie zu verstehen vermag, scheint mir einem harten Realismus (was den Jetzt-Zustand der Welt betrifft) und einer hartnäckigen Hoffnung (was den Einst-Zustand, das kommende Reich Gottes, angeht) zu entspringen. Das Groteske an der Sache ist nun aber, daß ich – zusammen mit andern freilich, in der Gemeinschaft der Gläubigen – dazu motiviert werden soll, den Weg vom Jetzt ins Einst tatsächlich auch zu gehen. Mir wird zugemutet, mein Denken und Leben anstatt adaptiv nach dem Jetzt-Zustand antizipativ nach dem Einst-Zustand auszurichten. Eine glatte Über-Forderung selbst meiner besten Fähigkeiten! Doch gerade weil ich ihr nicht gewachsen bin, nie gewachsen sein werde, läßt sie mich nicht los. So gewiß diese Herausforderung auf andere Sozialstrukturen zielt, so aufsässig gilt sie doch *mir* persönlich, mir bereits *hier und jetzt* inmitten der heutigen Sozialstrukturen mit ihrem Katastrophengefälle. Der Sozialdarwinismus unserer Gesellschaft dispensiert mich nicht vom Gebot, gegenläufig zu leben, meine Nächsten (nicht zu verdrängen, zu beherrschen, auszubeuten, sondern) zu lieben – unter Einschluß derer, die mir ebenfalls Nächste geworden sind durch ihre Feindschaft. Der herrschende Mammonismus, der zur Besitzmehrung zwingt, weil allein Besitz Freiheit verschafft, dispensiert mich nicht von der Forderung, meinen Besitz zu teilen. Die heutige Gewaltgläubigkeit, die unsere Welt in harte oder sanfte Archipels Gulag verwandelt, in das »1984« des George Orwell (der, was heute gerne verschwiegen wird, Anarchist war), dispensiert mich nicht vom Gebot, der Gewalt ohne Gewalt zu widerstehen (d. h. zu leiden), auf Gewalt in all ihren privaten und strukturellen Formen zu verzichten.

Wie werde ich mit so radikalen Zumutungen fertig? Ich werde nicht fertig mit ihnen. Die Herausforderung bleibt. Sie macht mich zum Christen, zu einem, der nicht fertig werden kann mit dem, was ihm zugemutet und in der Zumutung angeboten wird.

Erst nach und nach glaube ich dahintergekommen zu sein, worin das zentrale Skandalon, die entscheidende Herausforderung Jesu besteht. Ich soll glauben, daß Gott Liebe ist (1. Johannes 4,8)! Wohin ich aber blicke, wohin ich mich begebe, herrscht nicht Liebe, sondern Kampf aller gegen alle. So ist es im Pflanzen- und Tierreich, erst recht unter den Menschen. »Es gibt auf der Welt keine andere Kraft als die Gewalt«, schrieb Simone Weil, deshalb ist »Geschichte der Ort eines darwinistischen Prozesses, der noch unerbittlicher ist als derjenige, der das tierische und pflanzliche Leben regiert.« Heute erkennen wir, daß der soziale Darwinismus, anders als der natürliche, schließlich auch die in der Selektion Starken, Siegreichen zu zerstören droht. Manche sagen deshalb, Gott – *der* Gott, der Liebe ist! – sei tot. Und es stimmt auch: er ist getötet, ist gekreuzigt worden. Gott ist die gekreuzigte Liebe. Als gekreuzigte

Liebe ist er unter uns, neben uns, gegen mich, mit mir. E. M. Ciorans Satz »Gott ist, sogar wenn er nicht ist« gewinnt in diesem Zusammenhang eine noch tiefere Bedeutung, besagt sub specie crucifixi etwa: Gott ist anwesend, sogar wenn er beseitigt ist, oder auch: Gott lebt, aber als der von uns Abgewiesene, Ausgewiesene. Das tönt – wie mir peinlich bewußt wird – nach Paradoxon, nach Wort- und Gedankenakrobatik. Aber es sind hilflose Formulierungsversuche dessen, was man Transzendenz nennen könnte. Für mich steht fest, daß Gottes Transzendenz nicht metaphysischer Art ist, nicht auf irgendein Jenseits verweist, sondern daß sie genau das meint, was der Drei-Wörter-Satz aussagt: »Gott ist Liebe.«

Ich bin Christ (geblieben, erst recht geworden), weil mich der Gekreuzigte erlöst vom Alptraum eines metaphysischen Gottesgötzen, der Allmacht heißt und angeblich ein Über-Mensch, Über-Herrscher, Über-Ich, Über-Wir sein soll. Was kann ich mit einem solchen Über-Gott zu schaffen haben? Nichts, überhaupt nichts. Seine Über-Natur, seine Über-Geschichte gehen mich nichts an, lassen mich kalt. Mehr noch: dieser Über-Gott mit seiner Allmacht erregt meine Abscheu. Er ist ein Tyrann. Tyrannen aber muß man stürzen, darf nie ihr Komplize werden. Darum hat Karl Barth den für mich erleuchtenden Satz geprägt: »Der ›Allmächtige‹, das ist das Chaos, das Übel, das ist der Teufel ... Dieser Rauschgedanke der Macht, das ist das Chaos, das Tohuwabohu, das Gott in seiner Schöpfung hinter sich gelassen hat, das er nicht gewollt hat, als er den Himmel und die Erde schuf.« Ebenso Kornelis Heiko Miskotte: »Wer ... von Gottes Allmacht spricht, kann den Gehalt des Wortes nicht zu Ende denken, ohne sich in die Vorstellung einer leeren, monströsen Tyrannis zu verwirren.«

In diesem Zusammenhang muß ich die Bemerkung einschieben, daß ich wohl wesentlich auch deshalb Christ geblieben, erst recht geworden bin, weil ich als Theologe in der Schule der Theologie habe bleiben können, die in ihren inspirativsten Vertretern (neben Barth, Miskotte z. B. auch Dorothee Sölle, Eberhard Jüngel u. a.) den metaphysischen Gottesgötzen mit Entschiedenheit destruiert und Gott christologisch, d. h. von Jesus her, unter dem Aspekt der gekreuzigten Liebe, zu verstehen versucht. Wie, wenn ich nicht Theologe, nicht im Kontakt mit der Theologie wäre? Ich stelle mir diese hypothetische Frage mit Unbehagen, wenn ich mir vergegenwärtige, wie wenig theologische Erkenntnisse in der kirchlichen Verkündigung und Praxis durchschlagen, wie gängig hier die Vorstellung des allmächtigen Gottesgötzen immer noch ist. Als theologieferner Laien-Christ hätte ich vermutlich dem, was noch unentwegt als christliche Gottesvorstellung ausgegeben wird, längst den Abschied gegeben. Dabei bezeugt die charakteristische Ausprägung der christlichen Gottesvorstellung, nämlich die Lehre von der Dreieinigkeit, schon seit jeher einen Gott, der seinem Wesen nach nicht Über-Macht, nicht Autokratie und Tyrannis, sondern Gespräch, Begegnung, Gemeinschaft, also Liebe ist. Trotzdem hat das historische Christentum, wahrscheinlich den Denkzwängen seiner Weltanpassung folgend, Gott immer wieder primär als Macht und erst sekundär als Liebe verkündet. Darum beginnt z. B. die schweizerische Bundesverfassung (das Grundgesetz) feierlich mit dem Satz: »Im Namen Gottes, des Allmächtigen.« Ist dieser Gott aber, dessen *Wesen* Macht und Allmacht ist, dem Liebe nur als eine seiner verschiedenen Eigenschaften zugeschrieben wird, der Gott *Jesu?* Ich behaupte: nein, er ist das soziomorphe Abziehbild irdischer Herrschaftsformen. Mag er auch als König über das Jenseits mit seinen sieben Himmeln gedacht werden, transzendent ist er gerade nicht – nicht *so!* Transzendent ist allein *der* Gott, dessen Wesen und dessen Allmacht Liebe – und nichts sonst – ist. Der zulänglichste Versuch, *diese* Transzendenz zu denken, scheint mir die Lehre der Dreieinigkeit zu sein, die, verglichen mit den Gottesvorstellungen anderer Religionen, das unterscheidend Christliche ist. Die Herausforderung Jesu besteht darin, daß er, ohne soziomorphe Zugeständnisse, deshalb im Widerspruch zur Jetzt-Welt, deshalb gekreuzigt, Gott als Liebe verkündet und gelebt hat. Jesus ist »das Ebenbild des unsichtbaren Gottes« (Kolosser 1,15) und als solches gerade nicht Symbol von Macht, sondern Bild der Ohnmacht. In einer Welt, in der bisher nur Macht und Gewalt zählten, kann Liebe nicht anders erscheinen als ohne Macht, um die ihr eigene – d. h. im Vergleich zu den uns gewohnten Machtformen transzendente – Macht entfalten zu können.

Eine Herausforderung, die mir in dieser Gestalt der gekreuzigten Liebe Gottes nahe kommt, mir zu nahe tritt, mich dazu drängt – wie könnte es anders sein –, ihr nachzuleben! Und damit beginnen Schwierigkeiten, die oft unüberwindbar sind, die mich in Unruhe halten, von Niederlage zu Niederlage, von Schande zu Schande, von Ohnmacht zu Ohnmacht. Man verschreibt sich nicht ohne Folgen einem Gekreuzigten. Nicht ohne Folgen? Zu ihnen gehören aber auch – und für mich vor allem anderen – Erfahrungen von Befreiung. Macht erzwingt ja immer Unterwerfung, damit Verstellung, oft Komplizenschaft. Liebe dagegen, die mir ohne Machtdrohung begegnet, löst und öffnet, macht mich unbefangener, ehrlicher, »stellt mich auf«, macht mich frei für die andern. Ich darf sein, kann mich geben, wie ich bin, weil ich, wenn nicht von den Menschen schlechthin, so doch von der Liebe schlechthin, von Gott, akzeptiert bin. Gewiß, nach wie vor erzwingen Mächte und Sachzwänge meine Unterwerfung oder Anpassung, meine Verstellung, ja Komplizenschaft. Zu diesen Mächten, Sachzwängen gehört auch die Institution Kirche. Ich klage sie deswegen nicht an. Jede Institution, in der wir tätig sind, ist Machtgefüge, Machtzwang, der uns unumgängliche Anpassungen, taktische Verstellungen oder Komplizenschaften aufnötigt.

Im Zeichen der gekreuzigten Liebe lernt Hoffnung realistisch sein (wie umgekehrt Realismus auf Hoffnung gerichtet bleibt). Gott aber ist keine Institution, keine Zwangsmacht (Ludwig Strauß: »Daß Gott uns nicht zwingt, das ist seine Härte«), sein *Bild* bleibt der Gekreuzigte, also Machtlose, sein *Wesen* ist Liebe. Darum motiviert er mich zur Gelassenheit in unvermeidbaren Anpassungen, nicht weniger aber zur Kritik, gegebenenfalls zur Auflehnung, wenn offene oder versteckte Machtansprüche für mich oder andere unerträglich, oft auch nur zu frech werden.

Ich bin Christ, weil ich frei werde in diesem Glauben, wo Wörter wie »Gnade«, »Vergebung der Schuld«, »Versöhnung«, »Liebe« trotz allem noch etwas bedeuten.

Ich würde mich unfrei fühlen in einem Konservativismus, der diese Wörter bloß paternalistisch gebrauchen kann, weil er Gottes Wesen in erster Linie doch als Macht und Allmacht versteht.

Ich fühle mich unfrei im Kapitalismus, weil dieser überhaupt kein Verhältnis hat (haben kann!) zu einem Gott, dessen einzige Macht die der Liebe ist.

Kapitalistischem Erfolgszwang, Erfolgsglauben stellte Martin Buber die Behauptung entgegen: »Der Erfolg ist keiner der Namen Gottes.« Das könnte auch vom Gekreuzigten her gesagt werden. Der Kapitalismus spiegelt sich ebenfalls eher in jenem Gott, der Macht/Allmacht ist. Darin trifft er sich mit dem Konservativismus, so daß es nicht verwundern kann, wenn das Grundgesetz meines kapitalistisch-konservativen Landes eben anhebt »Im Namen Gottes, des *Allmächtigen*«.

Ich vermute, daß dem christlichen Glauben (an den dreieinigen Gott, an den Gekreuzigten) eine demokratisch-sozialistische Praxis mit föderalistisch-libertärer Tendenz gesellschaftspolitisch am besten entsprechen würde. Gerade deswegen werden mir sozialistische »Gerechtigkeit« und »Solidarität« unheimlich, sobald aus ihnen das Wasserzeichen des Gekreuzigten getilgt ist. Muß ein solcher Sozialismus, für den dann auch Wörter wie »Gnade«, »Vergebung«, »Liebe«, »Gott als Liebe« bourgeoise Überbau-Vokabeln sind, nicht notwendigerweise einer intoleranten Gesetzlichkeit verfallen, die ihrerseits Freiheit abblockt, Ketzer verfolgt, Kreuze aufrichtet und sich damit auf säkularisierte Weise doch wieder dem Gottesgötzen der Macht und seiner bürokratisch-ideologischen Priesterschaft unterwirft?

Die Kirche ist gewiß nicht »besser« als die jeweilige Gesellschaft, in der sie lebt und deren Machtglauben, deren Krankheiten, vor allem auch deren Schuld sie teilt. Bestenfalls ist die unterscheidende Tugend der Kirche die, daß in ihr von *Schuld* gesprochen werden kann, daß davon vom Gekreuzigten her gesprochen werden *muß*, weshalb sich hier dann doch immer wieder Gewissen bilden und Vergebung ereignen kann.

Ich glaube, daß ich deswegen Christ bin, weil ich durch einzelne Christen erfahren habe und noch immer erfahre, was Vergebung ist. In ihr ist mir die schöpferische Herausforderung Jesu konkret begegnet. Vergebung befreit und verändert: mich, den andern und unsere Beziehung zueinander. Vergebung setzt frei, wo Gefangenschaft war. Sie schafft eine Solidarität, die auch unsere dunklen, gefährlichen Seiten mitträgt. Dadurch wird sie zu einer Quelle von Freundschaft und Liebe. Inmitten von Fatalismen und Sachzwängen ist Vergebung ein Akt der Freiheit und der Befreiung, der mich als Bürger im »Königreich der Angst« zu neuer Hoffnung, zu neuen Schritten motiviert auf das von Jesus angesagte Reich jenes Gottes zu, der Liebe, Freundschaft, Brüderlichkeit ist. »*Unser* Glaube *ist* die Auferstehung von Toten« – dieser Satz Tertullians umschreibt in etwa meine eigenen Erfahrungen, die ich andern Christen und ihrer Vergebung, Freundschaft, Liebe verdanke. Durch die Erfahrung mit ihnen bleibe ich geprägt und herausgefordert.

Ungrund

Warum ich Christ bin,
das, ach, läßt sich erklären.
Nicht aber, warum Du
der Christus bist.

Ungrund Liebe.

»Mein« Jesus

1

Nie habe ich von ihm geträumt. Unter der Schwelle meines Bewußtseins wimmelt es von Bildern, doch das seine ist nicht darunter, er scheint für mich keine Traumfigur, geschweige denn ein C. G. Jung'scher Archetyp zu sein. Möglich, daß er in den Träumen anderer, frömmerer Menschen auftaucht. Bisher hat mir freilich noch niemand davon erzählt.

Ist Jesus aus den Träumen neuzeitlicher Menschen vielleicht ausgewandert? Oder ist gerade in seinem Falle das Unbewußte so bild-verweigernd, wie es die frühe Christenheit oder später der radikale Flügel der Reformation gewesen sind?

Jedenfalls ist er keine Manifestation, kein Erzeugnis meines Unbewußten.

2

Sogleich aber melden sich Fragen. Die Feststellung, daß ich nie von ihm geträumt habe, geht ja von der Annahme aus, daß er tatsächlich so aussehen muß, wie kirchliche Kunst ihn seit Jahrhunderten dargestellt hat. Darf diese Annahme jedoch hingenommen werden? Unterwerfe ich mich damit nicht einem Phantasie- oder Irrbild? Möglicherweise war er eben doch in einigen meiner Träume, aber unerkannt und in einer Gestalt, die mit der Kunstfigur kirchlicher Glas-, Altar- oder Bibelmalereien nichts zu schaffen hatte? Vielleicht schaute er mich an aus den Augen bekannter oder wildfremder Menschen? Ein anderer also, der vielleicht auch die Gestalt einer geselligen Szene, eines heiteren Gottesdienstes, einer lichtüberfluteten Stadt oder eines dämmrigen Hauses angenommen hatte?

Möglich aber auch, daß ich nie von ihm träumte, weil ich mich ihm zu wenig geöffnet habe, von ihm zu wenig tief durchdrungen bin. Ohnehin und überhaupt ist es vermessen, von »meinem Jesus« zu reden, das besitzanzeigende Fürwort mit ihm zu verknüpfen.

3

Und dann begegne ich Holzplastiken, die nichts weiter zeigen als einen hageren Mann am Galgen, kleidlos, darum zeitlos, ecce homo. Sie stellen meiner Innenwelt die mörderische Außenwelt entgegen. Der Hingerichtete aus Holz könnte ein gehängter Guatemalteke oder Äthiopier, ein gelynchter Ugander oder schwarzer Südafrikaner sein – nicht »mein« Jesus jedenfalls, viel eher ein Jesus gegen mich, gegen uns Angehörige eines Volkes, dessen demokratisch gewählte Regierung ihre schützende Hand über Großbanken und Konzerne hält, die mit den Hintermännern von Mörderbanden und Todesschwadronen so gut verdienend im Geschäft sind, daß wir alle dabei ganz schön mitprofitieren. Der Kapitalstrom aus der Dritten in die Erste Welt war 1983 um rund 25 Milliarden Dollar höher als der Kapitalstrom aus der Ersten in die Dritte Welt. »Nettokapitaltransfer« heißt der Fachausdruck für diese finanzielle

Ausblutung der Dritten Welt. Die Transferwege sind gesäumt von den Leichen des Hungers, der Gewalt. Stumm hält mir der Mann am Galgen solche Zusammenhänge vor Augen. Das Holz seines Körpers ist oft dunkelbraun, oft schon verschwärzt: Pigmentfarben der Dritten Welt.

Was Wunder, daß meine Träume von DIESEM Jesus und von seiner unaufhörlichen Passion und Agonie nichts wissen mögen!

4

In Gesprächen, immer wieder und heute unvermeidlicher denn je, die Frage: Warum läßt Gott das alles zu – den Hunger, die Kriege, die Vorbereitungen zum atomaren Holocaust, die ökologische Katastrophe?

Ich kann dem Wort »zulassen« nichts abgewinnen. Gleich schwingt da ja auch das Wort »zuschauen« mit: Gott, indem er zuschaut, läßt zu – oder ebenfalls: indem er zuläßt, schaut er zu. Was hat das noch mit dem Mann am Galgen zu tun? Der schaut nicht zu, der läßt nicht zu, der *läßt sich ein!* Er läßt sich ein auf das, was Menschen tun, was sie einander und darum auch ihm selber antun, von dem der Hauptmann des Hinrichtungskommandos nach der Exekution sagt: »DIESER Mensch war in Wahrheit Gottes Sohn!« (Markus 15,39)

Vom Gekreuzigten fällt die Frage, warum Gott »das alles« zulasse, auf uns, die Frager, zurück. Wir sind's, die eine Weltwirtschaft zulassen, die uns fett und übergewichtig macht, andere dafür in Massen verhungern läßt! Wir sind's, die uns eine Politik gefallen lassen und sie als Wähler oft noch unterstützen, die Abrüstung verspricht und Aufrüstung betreibt! Wir sind es, die, unwillig zur Änderung liebgewordener Konsumgewohnheiten, ökologische Katastrophen zulassen!

Wir, nicht er!

Er ist gekommen, er ließ sich auf unsere Unheilsgeschichte ein, um uns zur Umkehr, zur Metanoia, zu bewegen im Namen eines Gottes, dessen Leidenschaft seiner Schöpfung und dessen Liebe uns Menschen gilt.

5

Ich kann von Jesus nicht – oder nicht nur – historisch denken. Ich rede und streite mit ihm als einem Gegenwärtigen. Vermutlich ist das meine Weise, seine Auferstehung zu glauben, ohne sie mir vorstellen oder anderen beweisen zu können. Dabei sehe ich manchmal, wie gesagt, den nackten Mann am Galgen vor mir. Vielleicht aber auch andere Menschen: Frauen, Männer, Vertraute oder Fremde, einen Sterbenden, ein Kind, einen Gegner. Oft sehe ich nichts vor mir als bestimmte Bibelseiten, z. B. jene mit der Bergpredigt, jene mit dem Gleichnis vom wiedergefundenen Sohn, die Seiten mit den Passions- und Ostergeschichten – und so weiter, je nachdem.

Nein, nicht eine historische Figur nur, insofern nicht bloß Jesus, sondern für mich ebenso »der Christus«, d. h. der Messias, der Kommende – auch wenn just sein Kommen neue Identitätsprobleme aufwirft. Wie, wenn »der« Kommende »die« Kommende wäre? Oder Mann *und* Frau, ein messianisches Paar? Oder weder das eine noch das andere, wohl aber die neue Gesellschaft, in der Gerechtigkeit wohnt? Ich versuche, mir seine Zu-uns-

Kunft nicht durch starre Vorstellungen zu ver-stellen, alle Möglichkeiten offenzulassen. Waren es nicht traditionell verfestigte Messias-Bilder, die seinerzeit zur Verblendung gerade der »frommen« Traditionswächter und damit zur Verwerfung des Nazareners führten?

Die Erscheinungsweise des Kommenden, denke ich mir, wird so anders als die frühere sein, wie die Ordnung der Dinge, die er bewirkt, anders als jede bisherige sein wird. Dennoch wird der »Neu-Ordner« identisch bleiben mit den Worten, den Sätzen, die wir aus den Evangelien und aus dem Munde des »historischen« Jesus kennen.

Was meine Gegenwart betrifft: realistischerweise kann ich der Zukunft der Menschheit nur wenig Chancen geben. Doch wird mein »No future«-Realismus ständig und auf eine mir selbst nicht erklärbare Weise transzendiert von einer irrationalen Erwartung auf den, die, das Kommende(n). Eine (oder sogar: die?) Quelle dieser Erwartung scheint das Dauergespräch mit der Bibel und mit Jesus zu sein.

6

»Mein« Jesus?

Nicht doch! Er ruft zur Umkehr. Umkehr aber bedeutet, daß er aufhört, »mein« Jesus zu sein, weil ich anfange, sein Kurt Marti zu werden.

Dennoch ist das Wort »Nachfolge« ein viel zu großes Paar Schuhe für mich. Ich zähle mich nicht zu seinen Jüngern, eher zum Volk, das ihn aufsucht, ihm zuhört, mit ihm diskutiert (und auch streitet). Selbst das bleibt jedoch nicht folgenlos. Ebenso unbeabsichtigt wie offenbar unvermeidlich gerate ich stets wieder in Konflikt mit meinem bürgerlichen Milieu und meiner bürgerlichen Milieukirche. Doch nicht bloß ich. Einigen andern geht es genauso. Mit ihnen, bei ihnen erlebe ich am ehesten das, was man Gemeinde Jesu Christi nennt.

Wohin aber führen diese immer wieder aufbrechenden Dissidenzen und Konflikte?

7

Im Gespräch mit Jesus ist mir nach und nach klargeworden, daß sein Ruf zur Umkehr uns heute wegruft von einem Kapitalismus, der die Kluft zwischen Reichen und Armen weltweit auf eine immer katastrophalere Weise vergrößert (mit täglich vielen Tausenden von Hungeropfern!).

Genau an diesem Punkt freilich beginnt meine Ratlosigkeit. Wie lebe und handle ich mit einer solchen Einsicht in einem Land, in dem der Kapitalismus erstaunliche Binnenerfolge aufzuweisen hat? Fast zu gut begreife ich meine Kirche, die sich wohlig im Schoße dieses Kapitalismus kuschelt und die Augen verschließt vor seinen weltweit verhängnisvollen Auswirkungen. Der Marxismus mit seiner zentralistisch-undemokratischen Praxis kann ja auch keine Alternative sein.

Was also? Daß Jesus mich auf dieser Frage sitzen läßt, nehme ich ihm übel. Nicht, daß ich von ihm ein politisches Programm erwartete! Ich möchte bloß deutlichere politische Perspektiven aufgezeigt sehen. Oder läßt er mich und uns auf der Frage sitzen, damit wir diese Perspektiven selber entwickeln? Haben wir weißen Christen in den Industrieländern diese Arbeit vielleicht sträflich vernachlässigt?

8

Inzwischen haben immer mehr Christen in Lateinamerika, Südafrika, Südkorea, auf den Philippinen und anderswo in der (nur so genannten!) Dritten Welt bei Jesus sehr wohl politische Perspektiven für ihr Denken und Handeln gefunden. Viele von ihnen haben dafür mit dem Martyrium bezahlt. Und wieder – immer wieder – sehe ich den nackten Crucifixus vor mir in den Pigmentfarben der Dritten Welt.

Ist Jesus heute vor allem *dort?* Kommt uns die Antwort, die wir *hier* nicht finden können (vielleicht auch nicht finden wollen?), von *dort?*

Die Hoffnung, die meinen realistischen »No future«-Pessimismus ebenso irrational wie unabweisbar transzendiert, antwortet: Ja.

Gespannt verfolge ich, was die Christen *dort* denken und sagen, tun und leiden. Immer wieder geben sie mir Mut zum Christ-Sein *hier.* In ihrer Vision von einer radikal-demokratischen Kirche und Gesellschaft erkenne ich die Intentionen Jesu wieder. Ihre Leidenschaft für eine Gerechtigkeit *für alle* entspricht der Botschaft Jesu und verspricht einen radikal-demokratischen Sozialismus, der vom Evangelium inspiriert ist, vom Glauben an das kommende Reich Gottes.

Utopie? Eher möchte ich mit den messianischen Zeilen von Hilde Domin sagen: »Der Neuordner, / er schläft / in dir, / in mir, / fingernagelgroß.« Anderwärts aber ist er erwacht. Darum erst recht nicht »mein«

Jesus! Als Befreier der andern ist er unterwegs, um auch uns *hier,* um auch mich zu wecken und zu befreien aus babylonischer Gefangenschaft und Entfremdung.

Wie kamst Du gerade auf mich?

Auch heute wieder
frage ich mich,
wer Du warst oder bist,
was Du willst.

Viele
wissen das besser
und einige
folgen Dir nach.

Wie aber kamst Du
auch noch auf mich?
Bin doch nicht der,
den Du brauchst!

Dennoch,
dennoch
komm ich nicht los
von Dir.

Ein Fremder kommt

Einmal so, einmal anders.

Das eine Mal erlebe ich das Abendmahl als *das* Ereignis im Gottesdienst: die Gemeinde kommt – beim sogenannt »wandelnden« Abendmahl – in Bewegung, die Leute stehen auf, gehen nach vorn, wollen und dürfen ein Stück Brot essen, einen Schluck Wein trinken. Etwas *geschieht!* Oder ist es am Ende nur das gewohnte Ritual der noch ans Ritual Gewöhnten? Und doch ist es eine Art Aufbruch (deswegen berührt mich das sogenannt »sitzende« Abendmahl weniger, ich ziehe eine gehende Kirche der sitzenden vor). Gut, der Aufbruch ist hier bloß (»bloß«?) ein Symbol. Immerhin aber vollzieht er sich körperhaft, bricht aus der reinen Verbalität (Reden-Hören) aus. Und vielleicht ist's tatsächlich der Aufbruch einer kleinen oder großen Erwartung? Der Erwartung zum Beispiel, daß durch den Messias (den Beweger) Jesus, auf den das Mahl hinweist, noch immer, noch heute etwas in Bewegung kommen will bei uns selber, in der Kirche, in der Welt.

Dann wieder erlebe ich das Abendmahl als steifes Zeremoniell ohne viel Beziehung zur heutigen Realität, ein Ritual sozusagen im toten Winkel der Geschichte.

Dieses »mal so, mal anders« ist verwirrend, es hängt wohl damit zusammen, daß ich, ein Stimmungsmensch und älter werdend, immer weniger Antworten auf immer mehr Fragen habe.

Vielleicht ist eine meiner und unserer Schwierigkeiten mit dem Mahl auch darin zu suchen, daß wir in einer

Zeit analytischer Rationalität mit Symbolen kaum noch umzugehen wissen. Brot und Wein, Essen und Trinken als Symbol für die Präsenz Jesu Christi – sind das nicht Handlungen, die aus einer vergangenen Welt stammen, wo alles mit allem noch symbolisch verknüpft war, wo man in einer Fülle symbolischer Bilder lebte und dachte, weil die Welt insgesamt Symbolcharakter hatte? Damit hat die Rationalität des neuzeitlichen Denkens gründlich aufgeräumt.

Hat unsere Abendmahlsproblematik am Ende objektive Gründe, so daß man sich seiner subjektiven Zweifel und Verlegenheiten nicht einfach nur schämen muß?

Vielleicht wissen wir nicht mehr, wie man das eigentlich machen soll: »symbolisch« essen, »symbolisch« trinken? Woran soll man unter dem Druck, jetzt »symbolisch« handeln (hervortreten, essen, trinken) zu müssen, denken? Man sollte an den gekreuzigten und auferstandenen Herrn denken. Aber dessen Präsenz ist wiederum »symbolisch«. Neue Schwierigkeiten also! Und so kämpft man gegen die Versuchung, von anderen Gedanken und Gefühlen abgelenkt zu werden; just dadurch aber entsteht jene Steifheit, jene leicht beklemmende Feierlichkeit bei kirchlichen Abendmählern.

Heute werden in kleineren Gruppen unkonventionelle Abendmähler gefeiert. Möglich, daß aus ihnen ein neues Abendmahl entsteht – oder ist es wiederum das ursprüngliche? Das Abendmahl Jesu, dasjenige der ersten Gemeinden, war ja eigentlich nur *ein* Akt, *ein* Moment innerhalb regelrechter Mahlzeiten. Erst mit der Verlegung des Mahles in Kirchen, erst mit der dadurch einsetzenden Liturgisierung und Reduktion auf symbolische Bissen und Schlucke setzte dann wohl – kompensatorisch fast – die cerebrale Produktion und Überproduktion von Deutungen, Erklärungen ein. Eingebettet in reale Mahlzeiten aber ist Essen und Trinken »zu seinem Gedächtnis« ein körperhaftes, gestisches Ereignis gewesen, dessen Symbolkraft unmittelbar wirkte. Darauf wieder zurückzukommen, ist eine verheißungsvolle Möglichkeit. Inzwischen aber und vorläufig finden Abendmähler im gottesdienstlichen Rahmen weiterhin statt – und wer weiß, vielleicht bleibt auch das sinnvoll, hat auch das Verheißung.

Auch in unserer rational-analytischen Zeit werden nämlich Symbole produziert, wir merken's nur nicht, weil uns das symbolische Denken so gründlich ausgetrieben worden ist. Symbole, glaube ich, sind aber wandlungsfähig und zäh, fortwährend spielen sie eine – wenn oft auch unbeachtete, unbemerkte – Rolle in allen Bereichen unseres Daseins.

So etwa scheint mir – man verzeihe – das eigentliche Symbol unseres heutigen kirchlichen Lebens »Tee und Gebäck«, »Kaffee und Gebäck« zu sein.

Nichts gegen Tee, Kaffee, Gebäck! Ich suche aber nach objektiven Gründen für unsere Schwierigkeiten mit dem Abendmahl und seinen Symbolen. Seinerzeit sind Brot und Wein die täglichen Grundnahrungsmittel gewesen, sie waren die Elemente auch des Passahmahles, waren also ebenfalls im religiösen Bereich zur Hand, Jesus brauchte nur nach ihnen zu greifen. Wollte er an einem kirchlichen Anlaß heute dasselbe tun, in sehr vielen Fällen fände er auf dem Tisch, der zu einem kirchlichen Anlaß gedeckt worden ist, Gipfeli und Kuchen statt Brot, Kaffee und Tee statt Wein vor. Warum auch nicht?

Aber wir fragen ja nach Symbol und Symbolkraft! Tee und Gipfeli, Kaffee und Kuchen Symbole des Gekreuzigten und Auferstandenen? Wir spüren sogleich (und hoffentlich!): nein, das geht nicht. Tee, Kaffee, Gebäck symbolisieren etwas anderes. Sie sind Symbole mittelständischer Gemütlichkeit. Gegen die ist nichts einzuwenden, wahrhaftig nicht, mehr Gemütlichkeit wäre immer zu wünschen, wir haben sie nötig. Zu fragen ist höchstens, ob der spezifisch mittelständische Charakter dieser Gemütlichkeits-Symbole nicht einiges über Sozialstruktur und politischen Standort der Kirche aussagt, dem nachzudenken wäre.

Vor allem aber: eine Kreuzigung, eine Auferstehung, das sind ungemütliche Elementarereignisse, zu denen Tee und Gebäck keine, auch nicht eine symbolische Beziehung herstellen können. In der »Tee-und-Gebäck«-Kirche sind Brot und Wein Fremdkörper. Gerade deswegen aber halten sich diese Symbole durch alle Abendmahlsnot hindurch; gerade wegen ihrer Distanz zu den Usancen und Symbolen des heute gängigen »kirchlichen Lebens« bewahren Brot und Wein ihre Symbolkraft.

Müßte man sagen: »Brot und Wein« symbolisieren etwas Elementares, das in der derzeitigen Kirche ziemlich fremd und marginal bleibt? Damit brächte das Abendmahl das Verhältnis des Gekreuzigten und Auferstandenen zu unserer Kirche zwar nicht auf den Begriff, wohl aber »ins Symbol«.

Unsere Schwierigkeiten mit Symbolen sind nicht zu leugnen, der Vollzug symbolischer Handlungen bringt uns in Verhaltensverlegenheiten. Dahinter taucht jetzt erst noch die entscheidende Schwierigkeit auf, die von den bisher erwähnten Befremdlichkeiten und Symbolismen halb verdeckt, halb aber auch enthüllt worden ist. Ich fasse diese zentrale Schwierigkeit in den Satz: »Ein Fremder besucht uns.«

Damit meine ich: im Abendmahl kommt der Messias Jesus als Fremder. Alles oder fast das meiste, was Kirche und Theologie tun, läuft ja auf Domestizierung, Eingemeindung dieses Jesus hinaus. Das übliche »kirchliche Leben« mit seinen Aktivitäten und Gemütlichkeiten versucht Jesus zur angepaßten Leitfigur zu machen. Und dann eben, im Abendmahl, wird alles plötzlich anders, wird befremdlich, wir wissen nicht mehr recht, was wir denken und fühlen, wie wir uns benehmen sollen, was das Ganze bezweckt, statt Tee, Kaffee, Gebäck gibt's ungewohnterweise Brot und Wein. Diese Elemente und das symbolträchtige »Environnement« des Abendmahls wirken a-normal, nicht mehr alltäglich jedenfalls, befremdlich vielmehr – »ein Fremder besucht uns«!

Wie, wenn das viel beredete Abendmahlsproblem hinter all unseren subjektiven oder zeitgeistbedingten Schwierigkeiten seinen objektiven Grund zuletzt und zutiefst darin hätte, daß Jesus Christus nicht den Status quo einer einzelnen Gemeinde oder der Kirche insgesamt repräsentiert, daß er also nicht Selbstdarstellung unserer Gläubigkeit oder Christlichkeit ist? Ein anderer, ein Fremder besucht uns, der ist, was wir (noch!) nicht sind. Ein Fremder kommt, dessen fast archaische Zeichen und Sätze eigentlich nicht in die Sprach- und Zeichenlandschaft heutigen Gemeindelebens passen. Hinter allen Schwierigkeiten mit den Formen symbolischen Denkens und Erlebens also die Erfahrung: ein Fremder kommt! Und dieser Fremde bestätigt uns oder unser Gemeindeleben durchaus nicht, im Gegenteil, er verunsichert, er scheint uns an anderen als gewohnten Maßstäben zu messen, an »Tod und Auferstehung«, am »Reich Gottes«. Wem wäre das geheuer?

Mein eigenes Unbehagen am Abendmahl könnte also damit zusammenhängen, daß auch mir die Fremdheit des Fremden nicht geheuer ist, der da kommt.

Zugleich jedoch vermute ich, daß das oft positive Erlebnis des Abendmahls ebenfalls mit der Fremdheit des Fremden zusammenhängt, denn gerade sie verspricht ja Aufbruch, Änderung, messianische Zukunft. Nicht geheuer, ungeheuer also wird die Freude darüber, daß es nicht beim alten bleiben muß, daß Erstarrtes, Versteiftes messianisch aufgebrochen werden wird, daß wir aus unseren oft mickrigen Gewöhnungen und Gewohnheiten herausgeholt werden sollen. Ein Fremder kommt, um uns zu befreien! Ein Fremder, der nicht angesteckt, nicht korrumpiert ist durch den tagtäglichen Mief allerchristlichster Kompromisse! Der nicht eingemeindete Herr der Gemeinde! Der messianisch bleibende Messias einer ent-messianisierten Kirche! Gibt es für ihn ein ausdruckskräftigeres Symbol als das Abendmahl?

Am Ende, scheint mir, ist just das, was am Abendmahl befremdet, das Entscheidende. Darum traue ich Versuchen nicht, die ausgerechnet das Befremdliche, Störrische, Schwer-Verständliche aus dem Abendmahl eliminieren möchten. Das könnte auf banalstem Weg wieder bei der Tee-und-Gebäck-Kirche heimeliger Gemütlichkeit enden.

»Ein Fremder kommt« – und in dem *einen* Fremden kommen die vielen Fremden, melden sich jene anderen, die uns stören, befremden, die ihre Rechte fordern, die Ökumene derer, für die die elementaren Probleme – das Brotproblem vor allem! – noch keineswegs gelöst sind. Ein Fremder kommt, der mit dabei ist, wenn Brot und Wein verteilt werden, der uns aber fragt, wie es denn mit der Teilung der Güter im täglichen Leben, in unserem gesellschaftlichen Verhalten bestellt sei. Ein Fremder kommt und sieht, daß wir zwar in der Kirche teilen, nicht aber im privaten Leben, nicht aber in unserem Wirtschaftsverhalten. Ein Fremder kommt und ist befremdet, weil das Abendmahl nur Sakrament ist, nicht aber Politikum. Er ist eben tatsächlich nicht Repräsentant *unserer* Kirche!

Das alles – zusammengeballt im Symbol »Abendmahl« – ist nicht geheuer, gerade deswegen von Hoffnung, von Aufbruch umwittert.

Brot und Wein

Brot, Wein: Früchte
der Sonne, der Erde,
der Göttinnen, Götter einst.

Und jetzt
der Leib, das Blut.

Und jetzt
Seine Auferstehung.

Und jetzt
das Teilen.

Etwas wird
möglich, etwas
wie Heimat für alle.

III
Es geht um das Ganze

Konfession als Ausgangspunkt

1. »Evangelisch« bedeutet für mich persönlich keine historische oder dogmatische Kategorie, sondern die Orientierung am Evangelium. Als »Evangelium« gilt mir in erster Linie die Botschaft Jesu, sein Leben und kurzes Wirken im positiven Widerspruch (und das »gehorsam bis zum Tode am Galgen«) gegen Normen und Mächte, die die Verwirklichung der Liebe Gottes im Zusammenleben der Menschen verhindern.

2. Auch »reformiert« bedeutet für mich persönlich keine historische oder dogmatische Kategorie, eher eine Art Prinzip im Sinne des »semper reformanda«, der ständigen Wandlung. Nur was sich wandeln und verändern kann, ist lebendig. Das gilt für das Leben des einzelnen so gut wie für die Gesellschaft und die Kirchen. So beinhaltet »reformiert« für mich die Verpflichtung zur persönlichen und gesellschaftlichen »Metanoia«, zu der Jesus aufruft und die am besten wohl mit »Umkehr« (zu Gott, zum Mitmenschen, zur Liebe) oder mit »Wandlung« zu übersetzen ist. »Reformiert« bezeichnet so keinen Standpunkt, auf dem man stehenbleibt, sondern den Willen, weiterzugehen, vorwärtszugehen, unterwegs und in Hoffnung kritisch zu bleiben, weil nichts definitiv, die Herrschaft Gottes zwar im Kommen, aber noch nicht gekommen ist (auch die Kirche ist, zum Glück, noch keineswegs die Herrschaft Gottes!).

3. Historische Standorte, dogmatisches Erbe usw. binden mich nicht, ist es doch Zufall, nicht eigene Entscheidung, daß ich in eine bestimmte historische Kon-

fession hineingeboren worden bin. Diesen Zufall kann ich nicht verabsolutieren, auch wenn ich heute, erneut vor die Wahl gestellt, wieder für die evangelisch-reformierte Kirche optieren würde. (Würde ich's auch, wenn ich katholisch, orthodox usw. herangewachsen wäre? Niemand vermag das von sich zu sagen.) Die Reformatoren sind für mich keine verbindlichen Autoritäten, aber anregende Mitchristen der Vergangenheit, deren historische Bedingtheiten erkennbar geworden sind, deren Urteile deshalb in vielem revidiert werden müssen, deren Gegner (Münzer, die Bauern, die Täufer, die Humanisten beider Konfessionen) mir ebenso wertvolle Gesprächspartner sind. Daß zum Beispiel historische Abendmahlsdifferenzen in der Praxis heute noch ernstgenommen und ernsthaft ausgehandelt werden, halte ich für gespenstische Scholastik. Was für ein Gottes- und Christusbild steht eigentlich hinter ihr? Ein für mich unglaubwürdiges jedenfalls, das Bild eines himmlischen Feudalherrn, der mit pedantischer Eifersucht über seinen Besitz und über das Denken und Reden seiner Untertanen wacht. Dabei hat Jesus ausdrücklich vor Jaja-Sagern, vor Lippenbekenntnis und Konformismus gewarnt! Was kümmert es ihn, ob's bei den Abendmählern reformiert, orthodox, katholisch oder gar unkonventionell zugeht? Ihm wäre wohl ein *neues* Abendmahl lieber, das brüderliche Kommunikation stiften würde bis in die alltäglichen Beziehungen, in die kirchlichen und gesellschaftlichen Strukturen hinein und womöglich quer durch Konfessionen und soziale Schichten hindurch.

4. Ein Grund, weshalb ich bei freier Wahl und in der heutigen Situation erneut für den christlichen Glauben in seiner evangelisch-reformierten Spielart optieren

würde, ist der, daß es hier reale Freiheit gibt (im Prinzip wenigstens) zum offenen Dialog mit anderen Konfessionen, Weltanschauungen, Religionen. Ich glaube, daß diese Konfession eine der ökumenischsten ist, mindestens sein könnte. Das hängt wohl auch mit dem Satz »ecclesia reformata semper reformanda«, das heißt mit dem Ernstnehmen der Wandlung, der »Metanoia«, zusammen.

5. Ein zweiter Grund, evangelisch-reformiert zu bleiben, ist der Umstand, daß in dieser Konfession Freiheit auch strukturell verankert ist: keine Hierarchie (im Prinzip wenigstens ...), dafür Autonomie, Selbstbestimmung der Gemeinden, der Basis. Ich halte das für eine demokratische, sogar progressive Struktur, die historisch mit der Entwicklung eines selbstbewußten Bürgertums, theologisch mit der reformierten Bundestheologie zu erklären ist, für die der Bundespartner Gottes schon immer das *Volk* gewesen ist.

6. Entschiedene Orientierung am Evangelium bei optimaler Offenheit für das, was anders als das Eigene ist (weil Gott uns immer auch im andern, zunächst Fremden anspricht und begegnet): das scheint mir eine latente Möglichkeit evangelisch-reformierten Glaubens zu sein, die die Vorstellung von einer Kirche impliziert, deren Aufgabe nicht Selbsterhaltung und Traditionspflege ist, sondern Solidarität mit denen, die unter dem Jetzigen leiden und deshalb das Bessere, Gerechtere suchen und versuchen, weil sie insgeheim von der Verheißung infiziert sind, daß Gott Liebe ist – und nicht Garant jetzt dominierender, achselzuckend akzeptierter und emsig institutionalisierter Lieblosigkeit (mit welchem Namen diese sich auch schmücken mag).

7. »Gott ist Liebe«: dieser neutestamentliche Haupt-

und Kronsatz ist bisher, soviel ich sehe, für keine Konfession ein Zentral- und Bekenntnissatz, steht in keinem markanten Glaubensbekenntnis, ist in keinem bekannten Katechismus ein Schlüsselsatz, ist überall von allerlei anderen, bald schönen, bald auch unschönen Sätzen verdrängt und überwuchert. Als hätte man Angst vor ihm! Als fürchtete man, daß dieser Satz Autoritäten unterhöhlen, Götzen stürzen, Institutionen gefährden könnte, wenn er einmal theologisch durchdacht, ethisch entwickelt würde auf *Orthopraxie* hin. Solange christliches Denken und Handeln gerade diesen Zentralsatz zum Nebensatz macht, um ihn herum- statt von ihm ausgeht, ist Christentum nicht, was es sein könnte. Insofern glaube ich, daß Konfessionen nichts Definitives, sondern Ausgangspunkte sind. »Evangelisch-reformiert« scheint mir ein möglicher, ein brauchbarer Ausgangspunkt zu sein.

Was die Bäume lehren

Wer nicht Wurzeln hat,
wächst in keine Zukunft.
Wer eigenen Wurzeln aber nie entwächst,
entfaltet sich nicht zum Neuen,
zum Baum.

Dein Reich komme

Die genaue Übersetzung heißt: »Königsherrschaft Gottes«. Aber wie den meisten Übersetzern gefällt mir »*Reich* Gottes« besser. Das hat einen universaleren Klang. Unter »Reich« stellt man sich doch meistens ein grenzüberschreitendes Welt-Reich vor. Wie manche Stellen des Alten Testaments zeigen, hat man sich *damals* unter Königsherrschaft sehr wohl eine lokal zunächst begrenzte Herrschaft Gottes über nur *ein* Volk vorstellen können. Ich bezweifle, ob dieser Gedanke einer Gottesherrschaft über nur *ein* Volk heute noch denkbar ist.

Noch aus einem zweiten Grund ziehe ich die Übersetzung »Reich Gottes« vor. Das Wort »Königsherrschaft« bleibt für mich zu stark mit monarchischen und feudalistischen Vorstellungen verbunden. Das ist beim Begriff »Reich« weniger der Fall, auch wenn natürlich imperiale Vorstellungen immer noch mit- und nachschwingen. Aber die Idee eines herrschaftsfreien Reiches ist immerhin möglich. »Reich der Freiheit« ist sogar ein in der Philosophie eingebürgerter Begriff. Und ich glaube, daß »Reich Gottes« tatsächlich etwas mit dem »Reich der Freiheit« zu tun hat.

Ein dritter Grund kommt dazu, weshalb ich lieber »Reich« als »Herrschaft« sage. »Herrschaft« ist ein so furchtbar männliches Wort und spiegelt die bisher einseitig männliche Vorherrschaft in Gesellschaft und Kirche. Darum weiß auch noch niemand, was allenfalls »Frauschaft« wäre. Gott allein weiß es, weil er nicht einfach männlich, sondern ebensosehr weiblich ist. Sein Reich, so dürfen wir glauben, beendet jede Art von Vorherrschaft, auch die männliche. Der Satz von Frau Marga Bührig bei der Berner Friedenswoche 1979 »Die Welt muß weiblicher werden« ist eine Aussage im Blick auf das Reich Gottes, das Frauschaft und Herrschaft gleichermaßen ist. Deshalb muß die männliche Dominanz in Wirtschaft, Politik und Kirche tatsächlich gebrochen und ebenbürtig durch die Frauen ausgewogen werden. Auch für diese Forderung und Perspektive scheint mir im Wort »*Reich* Gottes« mehr Spielraum zu sein als im Begriff »Herrschaft«.

Diese Vorbemerkungen zum Begriff »Reich« haben bereits einiges vom Gottesverständnis verraten, wie es sich mir vom Evangelium her entwickelt.

Jesus, so scheint mir, hat eine universale und auch ökumenische Vision von Gott gehabt. Darum gelang ihm zum Beispiel ein unbefangenes Verhältnis zu den andersgläubigen Samaritanern. Darum konnte er sich auch zur religiösen Überlieferung des eigenen Volkes auf souveräne Art und Weise kritisch verhalten. Pointiert gesagt: für Jesus war Gott kein Jude. Ebensowenig darf Gott heute für uns Protestant, Katholik oder auch ein Christ sein. Das ist selbstverständlich, ich weiß. Dennoch sind wir unbewußt immer wieder geneigt, Gott heimlich halt doch für einen Christen oder gar Protestanten zu halten. Ebenso besteht die unbewußte Neigung, ihn sich als weißhäutig und sozusagen als einen optimalen, maximalen Mitteleuropäer vorzustellen. Dieser unbewußten Identifikation Gottes mit uns selbst entspringen vermutlich die Schwierigkeiten, die wir Schweizer mit dem Ökumenischen Rat haben und die entstanden sind, seitdem die Kirchen der Dritten

Welt in der Ökumene ein immer größeres Gewicht bekommen haben.

Die unbewußte Identifikation Gottes mit uns selbst hat ja auch, wie wir heute einsehen müssen, die Mission immer wieder zum Komplizen der wirtschaftlichen, politischen und kulturellen Expansion Europas und der USA werden lassen, hat lange Zeit auch den Dialog mit den Religionen blockiert.

Wenn wir bitten »Dein Reich komme«, dann müssen wir uns heute also bewußt machen, daß wir damit nicht um eine Vereuropäisierung oder gar Verschweizerung, ja nicht einmal um eine Verchristlichung der Welt bitten. Wir bitten vielmehr um die Beendigung jeglicher Vor-Urteile und Vor-Herrschaften der einen Menschen über die andern Menschen. Wir bitten, wie es eine frühchristliche Formel besagt, um das Verschwinden unserer Reiche, damit SEIN Reich kommt. Wir bitten um das Kommen *des* Gottes, dessen einzige Herrschaftsform die der Liebe ist (1. Johannes 4,8. 16). Wir bitten um die soziale Verwirklichung der Liebe, die Gerechtigkeit heißt. Und schließlich: wir bitten um das Kommen dieses Reiches, weil es schon unterwegs ist, weil es mit Jesus nahe herbeigekommen ist.

Wir bitten um das Kommen des Reiches also nicht in der Erwartung, es werde plötzlich und wunderbar vom Himmel herabfallen. Kommen ist etwas anderes als Herabfallen. Was kommt, legt einen Weg zurück – in diesem Fall von Gott her zu uns hin.

Das Reich Gottes nahm den Weg seines Kommens durch die Aktion und Passion Jesu Christi, die sich fortsetzen in der Aktion und Passion seiner Kirche und der einzelnen Christen. Unter Aktion ist die persönliche und gesellschaftliche Praxis der Liebe zu verstehen.

Bald aber und immer stößt die Praxis der Liebe auf Praktiken der Herrschaft, gerät mit ihnen in Konflikt und wird zur Passion. Das Schicksal Jesu zeigt dies mit aller Deutlichkeit. Nachfolge Jesu bedeutet deshalb immer auch, das Kreuz auf sich nehmen. Passion ist das Erleiden von Herrschaft, ohne selber herrschen zu wollen. Passion ist das Erdulden von Gewalttaten, ohne selber gewalttätig zu werden. Insofern ist Passion das nachdrücklichste Zeugnis für das Reich Gottes als dem Ende jeder Herrschaft und Gewalt von Menschen über Menschen. Erst die Passion gibt der Aktion, daß heißt der Praxis der Liebe, Glaubwürdigkeit. Mich bekümmert deshalb immer wieder die Scheu unserer Kirchen, auch nur die harmloseste Form von Passion auf sich zu nehmen. Jeder Konflikt mit den Mächtigen wird vorsichtig vermieden, um nur ja nicht den Unwillen von Konzernen oder Regierungen zu erregen. Aus lauter Übereifer, es allen recht zu machen, begibt man sich anstatt in die Nachfolge unter das Verdikt Jesu: »Wehe, wenn alle Menschen gut von euch reden; denn ebenso taten ihre Väter den *falschen* Propheten.« (Lukas 6,26)

Das Reich Gottes kommt nicht dadurch, daß alle Menschen gut von den Christen und Kirchen reden. Das zu glauben hieße den Traum von einer allmählichen und evolutionären Verchristlichung der Welt träumen. Schön wär's vielleicht, aber biblisch ist es nicht gedacht. Jesus hat nicht evolutionär, er hat apokalyptisch gedacht. Er hat mit Zeitbrüchen, Entwicklungs*ab*brüchen, mit Katastrophen gerechnet, mit großen Drangsalen und dem Greuel der Verwüstung: »Und wenn jene Tage nicht verkürzt würden, so würde kein Fleisch gerettet werden; aber um der Auserwählten willen werden jene Tage verkürzt werden.« (Matthäus 24,22) Wir verdrängen diesen Aspekt des Evangeliums immer wieder, begreiflicherweise. Es ist der Aspekt der Passion, und zum Wesen der Passion gehört es, daß man sie nicht freiwillig anstrebt und einkalkuliert, sonst wäre es falscher Heroismus. Dennoch hat die konsequente Verdrängung der apokalyptischen Verkündigung Jesu Folgen, unter anderem die, daß man blind wird für den apokalyptischen Charakter von Zeit überhaupt und so auch unserer Zeit. Wer aber die apokalyptische Dimension von vornherein verdrängt, dem gelingt, wie sich gezeigt hat, auch kein vollmächtiges Wort etwa zur ökologischen oder zur atomaren Bedrohung. Keine kirchliche Instanz, sondern der Verhaltensforscher Konrad Lorenz ist es gewesen, der das Plutonium biblisch-bündig in »Satanium« umgetauft hat. Das Verdrängen apokalyptischer Perspektiven ist wohl auch der Grund dafür, daß man sich über kritische Feldprediger weit mehr aufregt als über den Rüstungswahnsinn, der dazu geführt hat, daß für jeden Menschen in der Welt 15 Tonnen Sprengstoff bereit liegen, für jeden Europäer sogar 60 Tonnen. In diesen Zusammenhang gehört wohl auch die Tatsache, daß über das Programm des Ökumenischen Rates zur Bekämpfung von Militarismus und Wettrüsten bei uns völlig geschwiegen wird, daß keine Anregungen aufgenommen, keine Informationen an die Gemeinden weitergeleitet werden. Man hat offensichtlich Angst vor diesem heißen Eisen. Auch das gehört zur Passionsfurcht unserer Kirchen. Schließlich würde dadurch an empfindliche Tabus der schweizerischen Ideologie gerührt.

Dennoch bleibt es, wie das Evangelium uns bezeugt: Das Reich Gottes kommt durch Aktion *und* Passion. Wer die Passion vermeiden will, lebt am Kommen des Reiches Gottes vorbei. Ginge es ohne Passion, so würden wir wohl bald dem Irrglauben verfallen, das Reich Gottes könne von uns selber erbaut und gemacht werden. Dann brauchten wir nur zu handeln, nicht mehr zu beten. Daß wir aber um das Kommen des Reiches Gottes *beten* sollen, besagt doch wohl, daß wir zwar alles für das Reich Gottes tun und leiden sollen, aber immer im klaren Bewußtsein, daß das Kommen des Reiches Gottes das Kommen *Gottes* ist, das wir nicht erzwingen und nicht steuern können. Wenn wir das könnten, wäre Gott nicht mehr Gott und sein Reich nicht mehr *sein*, sondern irgendein anderes Reich.

Mit Recht erwarten Sie nun aber noch ein Wort darüber, wie sich denn die Bitte »Dein Reich komme« speziell zur Mission verhalte. Ich bin jedoch nicht kompetent, um über Aktion und Passion der Mission im engeren Sinne zu sprechen. Ich kann nur von uns selbst, von der Kirche und den Gemeinden hier im Gebiet von Bern sprechen. Ausgehend von der Einsicht, daß Kirche ihrem Wesen nach Mission ist, kann ich nur vor der Vorstellung warnen, als ob Mission das Reich Gottes sozusagen von uns Christen zu den Nicht-Christen oder Neu-Christen in andern Weltgegenden bringe. Das würde ja bedeuten, daß wir hier bei uns das Reich Gottes haben und es deshalb gleichsam exportieren könnten. Das ist aber nicht der Fall. Wir bitten um das Kommen des Reiches Gottes, weil es noch nicht, noch nirgends da ist. Kein kirchliches oder gesellschaftliches System *ist* schon das Reich Gottes. Vielleicht hat man einst das christliche Abendland tatsächlich mit dem Reich Gottes annähernd gleichgesetzt. Daraus hat sich unser koloniales Sendungsbewußtsein genährt. Aber das ist vorbei. Geblieben ist anstatt reich-gottes-mäßiger Zustände die politische und ökonomische Misere der ehemaligen Kolonialländer und die ernüchternde Erkenntnis, daß die Heimatländer der Mission im Grunde nicht überaus christlich und deshalb ebenfalls Missionsgebiet sind.

Vielleicht darf man sagen: Mission hat dazu geführt, daß es jetzt in vielen Ländern Menschen gibt, Gemeinden gibt, die beten »Dein Reich komme« und die versuchen, in Aktion und Passion für das Kommen des Reiches Gottes zu leben. Diejenigen, die das tun, sind wohl überall Minderheiten. Es ist auch bei uns eine Minderheit, gerade bei uns, denen es relativ so gutgeht, daß wir nur immer fürchten, jede Veränderung führe dazu, daß es uns nachher weniger gutgeht. Wer aber um das Kommen des Reiches Gottes betet, der betet für Veränderungen im Sinne der Gerechtigkeit und der Liebe, die Gott selber ist. Um Veränderung der jetzigen Zustände geht es vor allem auch denen, die in der Dritten Welt um das Kommen des Reiches Gottes beten und dafür handeln und leiden. Das Ziel ihrer Gebete, ihrer Aktion und Passion wird deshalb hier bei uns andauernd kritisiert, mißbilligt, schlecht gemacht. Die Vorgänge in der Dritten Welt finden in unserer Öffentlichkeit wenig Verständnis.

Mir scheint deshalb, Arbeit für die Mission müßte heute bei uns Arbeit für die Missionierten sein, die Missionsfreunde müßten sich als Freunde der Missionierten betätigen, müßten sozusagen eine Lobby werden, die in unseren Gemeinden und in der Öffentlichkeit um Verständnis wirbt für die Nöte und Erwartungen der Kirchen und der Christen in der Dritten Welt.

Die Voraussetzungen dafür sind gegeben. Durch die Missionsgesellschaften kommt heute so viel gute Information zu uns, daß jeder, der das auch wirklich liest, bald besser informiert ist, als wenn er die Artikel in seiner Zeitung über jene Länder liest. Das sind ja meistens Schreibtischprodukte. Die Information der Missionen dagegen ist bodennäher, menschennäher, alltagsnäher, darum näher am Nerv der Dinge.

Ich fürchte aber und spreche aus der Erfahrung meiner Gemeinde, daß all diese viele und gute Information zu wenig oder gar nicht verarbeitet wird, daß sie sozusagen mit der unsäglichen Papierflut, die heute die Kirchengemeinden überschwemmt, unter den Tisch fällt. Das ist schade. In der Mission haben wir in den Kirchen nämlich einen Informationskanal, wie er sonst niemandem zur Verfügung steht. Dieser Informationskanal müßte von uns viel besser genützt werden. Ich glaube, die Missionsverantwortlichen in den Gemeinden sollten sich dieses Problems annehmen und der Frage, wie die anfallende Information weitergegeben werden kann, ihre ganz besondere Aufmerksamkeit widmen und dabei auch ihre Phantasie spielen lassen. Es ist nicht leicht, ich weiß, weil wir an einer Art Überinformation leiden, die zur Desinformation zu werden droht. Aber die Verbreitung der uns zur Verfügung gestellten Information ist langfristig ebenso wichtig (wenn nicht wichtiger) wie das Sammeln von Geld. Gespendet wird auf Dauer ja auch nur von denen, die einigermaßen informiert und durch die Informationen innerlich bewegt sind.

Ich muß aber auch warnen. Wer sich bei uns für die Interessen, die Rechte und die Eigenart der Christen in der Dritten Welt, damit auch für die Interessen und Rechte ihrer Völker einzusetzen beginnt, der stößt auf Widerstände, der gerät in Konflikte. Unsere Aktion zugunsten der Missionierten kann uns kleine Passionen in Form von Verdächtigungen, Anfeindungen eintragen.

Doch zeigen Widerstände solcher Art nur an, daß wir auf dem richtigen Weg sind, daß unser Einsatz tatsächlich etwas mit dem Kommen des Reiches Gottes zu tun hat.

Anfechtungen haben zudem das Gute in sich, daß gerade sie uns beten lehren: »Dein Reich komme!«

Dein Reich komme

Dein Reich komme,
weil Reichtum bunt erblühen will
in der Gerechtigkeit für alle,
in herzlicher Schwesterlichkeit, Brüderlichkeit,
in segensvollen Erfindungen,
in unserer Freundschaft mit der Natur
(um uns, in uns),
in Anbetungen jeder Art,
in Entfaltungen des Geistes,
in Erleuchtungen der Sinne
(mystisch, tantrisch, wie auch immer),
in der Allgegenwart und Allmacht der Liebe
– damit Du, unendlich reich schon immer,
schließlich auch unter uns wirst
alles in allem.

Nötig ist die Öffnung zum Dialog

Entwicklungspolitik

Unmöglich und unwirksam wäre es, wenn jedes Land seine eigene Entwicklungspolitik treiben würde. Das sieht jeder Vernünftige ein. Es sind bereits viele und vielfältige Bestrebungen im Gange, um die Entwicklungspolitik der Industrieländer zu koordinieren. Noch wichtiger ist die Zusammenarbeit mit den Ländern der Dritten Welt selbst. Sonst bleibt Entwicklungspolitik an den Interessen der Industrieländer orientiert, und Ivan D. Illich behält recht mit seiner Warnung: »Die Ziele der Entwicklungspolitik werden immer und überall nach den Verbraucherwerten von Standardpackungen rund um den Nordatlantik bemessen und bedeuten dabei immer und überall mehr Vorrechte für wenige.« Illich stellt auch fest: »Die heutige Armut ist das Abfallprodukt eines Weltmarktes, der den Ideologien eines industriellen Bürgertums dient.« (Almosen und Folter. Verfehlter Fortschritt in Lateinamerika, Kösel-Verlag, München)

Entwicklungspolitik? Wie aber kann sie betrieben werden, ohne daß sie zum Instrument eines neuen Kolonialismus wird? Wie sieht eine Entwicklungspolitik aus, die nicht die Fehlentwicklungen unserer Industriegesellschaft in die »Entwicklungsgebiete« importiert? Wie soll eine umfassende »Hilfe zur Selbsthilfe« vor sich gehen, ohne daß dadurch den Menschen der Dritten Welt *unser* Denken, *unser* (denn doch nicht so vorbildlicher!) Lebensstil aufgedrängt wird? Wie muß man es anstellen, daß die »Helfer« die »Hilfe-Empfänger« in ihrem Eigenwert nicht vergewaltigen? Sind nicht schon die Begriffe »Entwicklungshilfe« und »Entwicklungspolitik«, so wie *wir* sie aussprechen und verstehen, in der Gefahr, zum »terminologischen Imperialismus« (Hugo Loetscher) zu werden, der andere Imperialismen in neuer Form nach sich zieht?

Die Aufgabe, die uns im Verhältnis zur Dritten Welt gestellt wird, ist ungeheuer schwierig und ungeheuer groß. Man könnte darob fast mutlos werden. Und doch geht es nicht nur um die Zukunft der Dritten Welt, sondern um unsere eigene! Nicht allein die Entwicklung der wirtschaftlich »Unterentwickelten« steht auf dem Spiel, sondern unsere eigene Entwicklung innerhalb der Welt von morgen.

Ein theologisches Problem

Die Kirche hat sich – richtigerweise – für die Entwicklungshilfe stark engagiert. Mehr noch: sie ist die erste, die – durch ihre Missionen – Entwicklungshilfe betrieben hat zu einer Zeit, als von »Entwicklungshilfe« noch nicht die Rede war.

Nun ist jedoch gerade die Verbindung von Entwicklungshilfe und Mission nicht unbedenklich. In der säkularisierten Form, wie Entwicklungshilfe heute betrieben wird, droht auch die Missionsidee in säkularisierter Gestalt weiterzuleben, nämlich als »Mission« (barscher gesagt: als Export) unserer kapitalistischen Leistungszivilisation und damit als Zerstörung von einheimischen, traditionell gewachsenen Lebensformen und Kulturen.

Das Resultat *solcher* Entwicklungshilfe wäre und ist: Entwurzelung, Entfremdung.

Gewiß: keine Kirche, kein Christ beabsichtigt diese fatale Entwicklung unserer Entwicklungshilfe! Dennoch könnte sie eintreten, ist zum Teil schon eingetreten. Vielleicht deshalb, weil unser Denken und unsere Terminologie nach wie vor vom Wohltätigkeitsschema ausgeht: hier Geber – dort Empfänger.

Nötig wäre eine neue Sprache, wären neue Begriffe, mit denen man ausdrücken könnte, daß ein Geben und Nehmen auf beiden Seiten stattfinden muß. Die »Unterentwickelten« sind uns in mancher Hinsicht überlegen. Darum müßten nicht nur sie von uns lernen. Auch wir hätten von ihnen zu lernen, zum Beispiel was Lebensführung, Weisheit, Menschlichkeit, Moral betrifft! »Entwicklung« wäre demnach zu verstehen als Prozeß gegenseitiger Hilfe und Beeinflussung und nicht als Einbahnverkehr. Vielleicht können *wir* besser arbeiten als sie (so wenigstens bilden wir uns ein). Vermutlich aber können *sie* besser leben und sterben als wir!

Sollte man anstatt von »Entwicklung«, anstatt von »Hilfe« besser von »Begegnung« sprechen?

Hier aber stellt sich nun die Frage an die Theologie.

Soll die Begegnung mit Völkern und Kulturen der Dritten Welt ernst genommen werden und nicht Schlagwort bleiben, so gehört dazu auch die Begegnung mit den *Religionen* der Dritten Welt.

Was lehrt heutige Theologie über das Verhältnis des christlichen Glaubens zu den nichtchristlichen Religionen? Lehrt sie überhaupt etwas? Oder entzieht sie sich dem Dialog von vornherein mit der Behauptung einer Absolutheit, sei's des Christentums, sei's des Evangeliums, sei's der Person Jesu Christi? Und wie qualifiziert sie alsdann die Überlieferungen, Einsichten, Praktiken der nichtchristlichen Religionen? Und wie begegnet sie dem Vorwurf, sie betreibe direkt oder indirekt theologischen Imperialismus, und gerade der habe wahrscheinlich mit Jesus wenig zu tun? Andererseits: wie soll der christliche Glaube bezeugt werden, wenn man ihn von vornherein zu einer Religion unter anderen Religionen, vielleicht gar zu einer kulturgeographischen Sache relativiert?

Fragen über Fragen! Keine neuen übrigens. Aber werden sie von der heutigen Theologie genügend ernst genommen? Ich fürchte: die Theologie glaubt, das Problem »Dritte Welt« unter der Disziplin »Sozialethik« rubrizieren zu können. Gerade damit weicht sie der Begegnung aus, verlagert sie das Problem von der Dogmatik in die Ethik und leistet damit dem Mißverständnis erneut Vorschub, es handle sich bei der ganzen Frage einzig um ein Problem der Nächstenliebe und der sozialen Weltgerechtigkeit. Sicher: die Sozialethik soll und muß sich mit den Problemen der Dritten Welt befassen. Aber nicht nur sie! Wenn es uns mit der *Begegnung* ernst ist, dann muß sich die Theologie insgesamt, muß sich auch die Dogmatik dieser Begegnung stellen. Das setzt die Entwicklung von Denkformen und Sprachformen voraus, die für den Dialog mit nichtchristlichen Religionen offen sind. Das erfordert eine theologische Arbeit, die die Erfahrungen und Einsichten der anderen Religionen von vornherein mit bedenkt. Der dogmatische Isolationismus – Relikt des geschlossenen christlichen Abendlandes – sollte vorbei sein.

Solange das theologische Denken der Begegnung mit dem Denken nicht-christlicher Religionen ausweicht, entsteht der Eindruck einer heimlichen reservatio mentalis, die die Aktivität der Kirche für die Dritte Welt letztlich doch im Zwielicht erscheinen läßt.

Ich glaube deshalb, daß die Begegnung mit der Dritten Welt heute auch die Theologie und insbesondere die systematische Theologie herausfordert.

Wie aber?

Ein Ansatzpunkt wäre beispielsweise eine neue Interpretation des Bekenntnisses »Jesus ist der Herr«. Wessen Herr? Die Theologie antwortet: Herr nicht nur der Kirche, sondern der Welt! Ist aber nicht bereits der Begriff »Herrschaft« gefährlich? »Herr« und »Herrschaft« sind soziomorphe Begriffe: wir verstehen sie in Analogie zu gesellschaftlichen, monarchischen Herrschaftsformen. Erst recht müssen die Menschen der Dritten Welt hinter der Rede von der »Herrschaft des Herrn« versteckte (oder auch nur: verdrängte und auf Gott projizierte) Herrschaftswünsche der *Christen* wittern.

Wie also müßte man den Begriff »Herr« anders, unmißverständlicher, dialogischer interpretieren? Ist es überhaupt möglich, von »Herr« und »Herrschaft« *nicht* soziomorph zu reden? Man müßte diese Begriffe christomorph, jesuanisch deuten können: als Herrschaft der Liebe, als Herrschaft der Bruderschaft. Das freilich bedürfte gründlicher und intensiver theologischer Arbeit. Andernfalls sollte man sich überlegen, ob die Begriffe »Herr« und »Herrschaft« für eine dialogwillige Theologie überhaupt noch tauglich sind. Die »atheistische« Theologie, die die theistischen Prämissen des Glaubens ablehnt (unter ihnen auch diejenige des als Weltmonarchen verstandenen »Herrn«), stellt diese »Herr«-Terminologie in Frage. Sie *sieht* das Problem zum mindesten, was sich von der Gegenseite, die an theistischen Prämissen festhalten will, nicht so eindeutig sagen läßt.

Auf jeden Fall wäre das ganze Problem unter dem Aspekt der »Begegnung« mit den Religionen der Dritten Welt neu zu überdenken. Die Kirche kann von unseren Staaten nicht einen Verzicht auf Machtprivilegien gegenüber der Dritten Welt fordern, dabei aber ihre alte Herrschaftssprache weitersprechen. Das würde gerade verhindern, was allein weiterhilft: Begegnung, Dialog mit den Nicht-Christen und ihren Religionen, Kulturen.

Öffnung

Gott,
dialogisches Geheimnis,
mach mich dialogfähig,
mach mich lernfähig,
erhalte mir die Neugier.

Öffne uns Christen für einander
ebenso wie für die Nichtchristen
und am meisten für die,
denen Du, weil sie arm sind,
am nächsten bist.

Bewege uns durch Deinen Geist,
der weht, wo er will,
auch in anderen Glaubensformen,
in anderen Religionen.

Null, Nichts

Ein Beispiel

Seinerzeit ist die Zahl oder Nicht-Zahl Null aus Indien zu den Arabern und später von den Arabern nach Europa »gewandert«. Was wohl wäre aus Europa ohne diese geistige Entwicklungshilfe geworden? Wo stünden heute Wissenschaft, Technik, Industrie, wenn wir noch während einiger Jahrhunderte weiterhin mit dem römischen Zahlensystem, das heißt ohne die vielfach nützliche Null, hätten auskommen müssen?

Den Römern ist die Null nicht eingefallen. Sie waren Positivisten der Macht, des Staates, des Rechtes. Die Null war Botin einer anderen, reicheren Vorstellungswelt. Sie ist das Gegenteil biederer oder pfiffiger Positivität und entsprang einem Denken, das sich eine Alternative zu den gegebenen Macht- und Leidensstrukturen vorstellen kann, zum Beispiel »Nirwana« (=Verwehen, Erlöschen), was eine wünschbare Negation des jetzt Gegebenen und Auszuhaltenden meint, das Nichts sozusagen, bezeichenbar mit dem Zeichen o (Null).

Dank Indern und Arabern einmal auf die Null gekommen, hat Europa diese tüchtig zu nutzen und zu verwerten verstanden im Sinne wissenschaftlicher, technischer, industrieller Weltbemächtigung. Das Zeichen für die radikale Alternative »Nichts« ist bei uns zum brauchbaren Handlanger des positivistisch verstandenen »Fortschritts« geworden.

Andererseits jedoch folgt die Drohung des »Nichts« eben diesem Fortschritt wie ein Gespenst. Der Nihilismus ist sozusagen der Zwillingsbruder des wissenschaftlich-technischen Aufschwungs. Das wird im 19. Jahrhundert vollends deutlich, wo die industrielle Revolution bald leise, bald lauter von nihilistischen Träumen, Alpträumen, Prophezeiungen kontrapunktiert wird (z. B. bei Jean Paul, bei vielen russischen Autoren, bei Nietzsche natürlich). Oder müßte man sagen, daß diese und andere »Nihilisten« den nichtenden, vernichtenden Trend unseres Fortschrittes gespürt und artikuliert haben? Daß sie vorausgeahnt haben, die stürmische Weltbemächtigung könnte eine langsame Weltzerstörung werden, Positivismus jäh umschlagen ins Nichts?

Wie auch immer: Nihilismus ist eine europäische Erscheinung und Denkweise. Das »Nichts« hat hier einen ganz anderen, einen dramatischen, oft apokalyptischen Stellenwert – sehr im Unterschied zu dem, was »Nichts« im fernöstlichen Denken bedeutet. Mit Nihilismus im westlichen Sinne hatte und hat das östliche »Nichts« kaum etwas zu schaffen. Im Osten bedeutet »Nichts« die Leere, und auf eine uns vielleicht schwer verständliche Weise ist Leere der höchste Name für das, was unsere Philosophen und Theologen als »Sein«, als »Sein des Seienden« bezeichnen. »Nichts« heißt also gewissermaßen nicht »nichts«, sondern »Sein« als Alternative zu allem, was bloß zeitlich, vergänglich, leidvoll ist.

Akustisch ist Leere Stille. Der positiven Bedeutung des »Nichts« im Osten entspricht eine positive Bewertung der Stille. Demgegenüber ist unsere Zivilisation eine solche des Lärms. Lärm aber ist schon von jeher ein Versuch gewesen, die Angst zu übertönen, zu verdrängen.

Null, Nichts: hinter gleichen Wörtern verbergen sich ganz andere Wertvorstellungen …

Offen für alles

Heute,
am ersten Tag
meines restlichen Lebens,
erschreck' ich:
Was heckt wohl der Tod
still für mich aus?

»Laß uns bedenken, daß wir sterben müssen«,
heißt's in der Bibel.
Daran freilich erinnern die Flucht der Zeit,
der Altersabbau, die Depressionen
mich ohnehin schon.

Warum, barmherziger Gott,
füllst Du meine Gedanken und Sinne
nicht Tag für Tag
mit leuchtender Gegenwart?

Nichts anderes aber erbitt' ich von Dir!
Und danach: nichts als Du.
Und danach: Du, mein Nichts,
offen für alles.

Unsere Schwierigkeiten mit der Theologie der Befreiung

Zur Vorbereitung eines Gesprächs über die Theologie der Befreiung habe ich versucht, in sieben Anläufen auf die Schwierigkeiten einzugehen, die Schweizer beider Konfessionen mit der Theologie der Befreiung und deren Herausforderung haben.

1

Der Befreiungskampf verarmter und entrechteter Massen in der Dritten Welt richtet sich in der Regel gegen nachkoloniale Wirtschaftsabhängigkeiten, die sich nachteilig für die ohnehin Benachteiligten und vorteilhaft für uns, die eh schon Begünstigten, auswirken. Mit Grund fürchten wir, daß der Befreiungskampf der Benachteiligten, sollte er zum Erfolg führen, unsere begünstigte Position aufheben wird. Was für die Benachteiligten eine Hoffnung, ist für uns eine Bedrohung. Das erklärt vielleicht, weshalb wir Schweizer, stolz auf die eigene Befreiungstradition, für die Befreiungsbewegungen in der Dritten Welt oft nur wenig Verständnis aufbringen. Biblisch gesprochen stehen wir auf Pharaos Seite, nicht auf der Seite der Hebräer. Diese Option entspricht jedoch keiner bewußten Entscheidung, sie spiegelt unsere wirtschaftliche Interessenlage.

2

Die *Theologie* der Befreiung, erwachsen aus der Praxis des Befreiungskampfes in manchen Ländern der Dritten Welt (Lateinamerika vor allem, aber auch Südafrika, Südkorea, Philippinen), versteht das Evangelium als eine Botschaft, die den Unterdrückten Freiheit und den Armen Gerechtigkeit verheißt. Da wir Schweizer weder rechtlos noch verelendet sind, ist diese Theologie nicht die unsrige. Unsere Freiheit, so jedenfalls sehen wir es, braucht nicht erst noch errungen, sie muß als schon errungene erhalten und verteidigt werden. Damit gehört sie sozusagen zu unserem Besitztum, das wir bedroht wähnen durch einen Angriff aus dem Osten und durch den Befreiungskampf im Süden der Welt. Diese doppelte Bedrohung wird durch unsere Bedrohungsangst nicht selten zu ein und derselben verschmolzen, so daß der kommunistische Osten in unserer Vorstellung zum überdimensionierten Drahtzieher sämtlicher Befreiungsbewegungen in der Dritten Welt und die Theologie der Befreiung zum kommunistischen Wolf im christlichen Schafspelz wird.

3

Die Theologie der Befreiung ist nicht die unsrige, weil sie weder eine eurozentrische noch eine nur universitäre im europäischen Sinne ist. Die Theologie der Befreiung tritt von außen an uns Christen in der Ersten Welt heran. Sie tut das u. a. mit der Vorhaltung, daß unsere hiesige Freiheit, unser hiesiger Wohlstand, berücksichtigt man alle ökonomischen Zusammenhänge, auf Kosten der Entrechteten und Verarmten in der Dritten Welt errungen wurde und erhalten bleibt. Diese Vorhaltung weckt in uns erst recht die Angst Besitzender vor den Ansprüchen der Besitzlosen. Ist, so fragen wir, die Befreiungstheologie nicht eben doch kryptokommunistisch? In der Tat hat die Befreiungstheologie ein unbefangeneres Verhältnis zum Sozialismus und auch zum Kommunismus. Das erklärt sich durch die größere geographische Distanz zum real existierenden Sozialismus osteuropäischer Prägung, der unser europäisches Schicksal mitbestimmt und dessen illusionslose Beurteilung wir den Befreiungsbewegungen und der Befreiungstheologie nur dringend anraten können. Umgekehrt freilich müssen auch wir uns die befreiungstheologische Frage gefallen lassen, ob unsere christliche und theologische Praxis bei näherem Zusehen nicht doch in erster Linie kapitalistisch, erst in zweiter Linie auch noch »christlich« sei.

4

Die Angst Besitzender um ihren Besitz erzeugt Verdrängungsmechanismen. Diese ihrerseits erzeugen ein panikähnliches, nur noch kurzfristiges Denken und Reagieren, das sich an oberflächlichen Schlagworten und ideologischen Parolen orientiert. Auf diese Weise verdrängen wir allzuleicht die Frage der Befreiungstheologie, inwiefern unser Wirtschaftsverhalten und unsere Wirtschaftsideologie christlich und theologisch denn überhaupt verantwortbar sei. Vollends entrüstet uns die gelegentlich geäußerte Vermutung, wenn nicht in babylonischer, lebten wir Christen der Ersten Welt doch weithin in kapitalistischer Gefangenschaft und bedürften ebenfalls der Befreiung. Uns entrüstet eine solche Vermutung, weil wir uns keineswegs gefangen fühlen. So kann wohl nur urteilen, wer von außen kommt! Von daher kommt die Theologie der Befreiung in der Tat! Sieht sie deswegen vielleicht Ketten, die wir, weil's goldene sind, nicht spüren? Zeigt sich erst dem Blick von außen her unser wahrer Fundamentalismus, der einer der wirtschaftlichen Vormacht und des Besitzes ist? Die Theologie der Befreiung stellt Fragen, die unsere eigenen Kirchen und Theologien sich bisher kaum – oder nur in Außenseitern – gestellt haben. Sich solchen Fragen ausgesetzt zu sehen, ist, wer verstünde es nicht, bei weitem unangenehmer und schwieriger, als selber Fragen an andere zu stellen. Vielleicht zeigt sich der Wandel der Zeit nicht zuletzt darin, daß die eurozentrische Theologie die Vormacht des Fragens eingebüßt hat und zur kritisch Befragten geworden ist.

5

Dennoch richtet sich die Theologie der Befreiung nicht gegen uns, vielmehr sucht sie Gemeinschaft mit uns. Eben deswegen fragt, befragt sie uns, sorgt sich auch um unsere Freiheit, obgleich diese für uns Besitz, aber kein Thema ist. Vor allem und in alledem fragt die Befreiungstheologie nach unserem Gemeinschaftswillen. Gemeinschaft ist, wie das Abendmahl seit jeher bekundet, nur möglich, wo geteilt wird. Sie ist unmöglich – Paulus hat 1. Korinther 11,21 ff. das Nötige dazu gesagt –, wenn die einen hungern, die anderen übersättigt sind, wenn die einen zuschauen müssen, wie die anderen ihren Wohlstand genießen. Diese Situation bezeugt nicht Gemeinschaft, sondern Antagonismus und elementaren Konflikt. Hieran ändern Almosen in Form caritativer Spenden nichts, im Gegenteil. Wenn es bei uns eine Abendmahlsnot oder Abendmahlsverlegenheit gibt, dann vielleicht, so jedenfalls erlaubt sich die Befreiungstheologie anzumerken, weil das Abendmahl nicht mehr Ausdruck unseres tiefsten Wollens und tatsächlichen Verhaltens ist, sondern zu unserer persönlichen und kirchlichen Praxis und Ökonomie in Widerspruch steht. Vor einer solch kritischen Betrachtungsweise – von außen her, wie gesagt! – ziehen wir uns, ratlos und regredierend, wieder vermehrt auf ein individuell verengtes Heilsverständnis des Abendmahls und des Glaubens zurück.

6

Die Theologie der Befreiung aber geht von Gottes Gemeinschaftswillen aus, der sich in den Antagonismen von reich und arm, von Macht und Ohnmacht, als Solidarität mit den Armen, den Machtlosen konkretisiert, seit den Zeiten Moses schon. Jeder Wohlstand, der sich der Ausbeutung und Verelendung anderer verdankt, ist auf Sand gebaut und bricht eines Tages in sich selbst oder durch äußere Gewalt zusammen. Von daher, mahnt die Befreiungstheologie, muß sich die Erkenntnis aufdrängen, daß Wohlstand auf längere Frist nur möglich ist, wenn es allen wohl geht. Kurzfristiges, weil kurzsichtiges, von Verlustängsten getrübtes Wahrnehmen, Denken, Reagieren und Profitieren setzt genau das aufs Spiel, was wir unbedingt erhalten möchten, nämlich unser Wohlergehen. So redet uns, mit schwesterlicher Geduld, mit brüderlicher Bestimmtheit, die Befreiungstheologie zu – auch uns Schweizer Christen, die wir solchem Zureden erst einmal mit gehörigem Mißtrauen und ideologischen Vorbehalten zuhören, weil wir, so will es unser nationaler Stolz, nicht ohne weiteres auf fremde Stimmen und Belehrungen einzugehen bereit sind. Die fromme Seele ahnt Gott zunächst und noch immer im hehren Vaterland. Warum auch nicht? Nur ändert dies nichts daran, daß der Gott der Bibel und der Christen von anderswoher als aus dem eigenen Lande zu uns kam, als Fremder, der mit einer Stimme spricht, die nicht diejenige unserer Volksseele oder unserer Wirtschaftsinteressen ist.

7

Die Theologie der Befreiung bittet uns, solidarischer als bisher zu denken, wirtschaftlich und politisch zu handeln. Praktisch läuft das auf einen allmählichen Wechsel unserer Solidarität hinaus. Galt diese bisher den Mächtigen und Reichen, müßte sie inskünftig immer mehr den Armen und den um ihre Rechte Kämpfenden gelten. Das gegenwärtige Weltwirtschaftssystem, das den Antagonismus zwischen Reich und Arm zunehmend verschärft, entspricht weder Gottes Willen noch längerfristig unseren eigenen Interessen. Gewiß: als kleines Land ohne Rohstoffe kann sich die Schweiz keine spektakulären Einzelgänge und Optionen erlauben. Doch gerade unsere Neutralität ermöglichte denn doch etwas mehr Mut zu kleinen Schritten, Aktionen, Gesten der Solidarität (wie sie Schweden in manchen Fällen vorgemacht hat). Ansätze dazu gibt's. Die Frage ist, ob unsere Kirchen die Wirtschaftsführer, die Politiker überzeugend genug ermutigen und die eigenen Gemeinden – trotz aufgekommenen, meist politisch inspirierten Widerstands – genügend motivieren wollen und können. Ohne ein offenes Ohr für die von außen her an uns gerichteten Fragen und Impulse der Befreiungstheologie wird's jedoch kaum noch gehen. Wir brauchen Stimme, Kritik und Zuspruch dieser andern, um unseren eigenen christlichen Weg in die Zukunft finden zu können.

Wir sind's, die der Befreiung bedürfen

Die meisten hier kommen durch.
Einige langen zu,
wenige sahnen ab.
's könnt' schlimmer sein –
wäre der Wohlstand hier
nicht auf die Armut, den Hunger
anderer Völker gebaut.

Wie nur können wir uns befreien
aus den Besitzfallen, Profitfallen,
die wir uns und anderen legten,
in denen wir zappeln jetzt?

Oder können wir's schon nicht mehr?
Müssen es andere tun?
Ein Aufstand vielleicht der Habenichtse
gegen uns, vom Besitz Besessene?

Oder Du,
Mutter aller Geschöpfe,
Vater aller Menschen,
kannst Du die Fallen öffnen,
kannst Du uns befreien?

Umwelt als Mitwelt

Theologische Ethik angesichts der ökologischen Katastrophe

I

Gibt es eine theologische Ethik?
Ja, es gibt sie.

Aber sie ist fast ohne Einfluß. Und dieser wenige Einfluß betrifft einige ausgewählte Bereiche der individuellen und familiären Lebensführung.

Sonst aber vollziehen sich die großen Entwicklungen wissenschaftlicher, technologischer, politischer Art nach rein ökonomischen Prinzipien, fernab jeder theologischen oder auch anderen Ethik. Die grundlegenden Umwälzungen unserer Zeit werden nicht durch ethische Überlegungen, sondern durch Kapitalinvestitionen und Gewinnaussichten gelenkt. Sie bestimmen auch unsere private Lebensweise, die Art z. B., wie wir wohnen, arbeiten, die Kinder aufziehen müssen.

Ja, es gibt eine theologische Ethik, aber sie führt, wie jede andere Ethik auch, ein Kümmerdasein und kommt so in Gefahr, ihre Existenz andauernd beweisen zu wollen oder – schlimmer noch – sich den bestimmenden Wirtschaftsmächten als Alibilieferant anzubieten, anzudienen. Dadurch aber hört sie auf, *theologische* Ethik zu sein und verwandelt sich in Wirtschaftsethik.

Ja, es gibt eine theologische Ethik, aber ganz am Rande der Gesellschaft und dort, wo die Entscheidungen über uns nicht fallen.

2

Was ist Ethik überhaupt?
Ethik fragt nach dem richtigen und gerechten Handeln und nach dessen Folgen.

Was aber heißt »richtig«, was »gerecht«?

Darüber gibt es keinen Konsens. Je nach Weltanschauung fallen die Antworten verschieden aus.

Und das bedeutet: es gibt keine *autonome* Ethik. Jede Ethik entspringt direkt oder indirekt einer bestimmten Kulturtradition oder Weltanschauung, d. h. sie kommt irgendwo*her*. Und ebenso zielt sie irgendwo*hin*, ist also auf Ziele gerichtet, die ihrerseits weit mehr sind als Ethik, nämlich Vorstellungen, Visionen, Wünsche weltanschaulicher Art. Insofern ist die Rede allein nur von Ethik irreführend. Eine autonome Ethik gibt es nicht.

Theologische Ethik ist demgegenüber ein relativ klarer und ehrlicher Begriff. Er verweist auf die christliche Herkunft, weil Theologie die denkende Entfaltung des christlichen Glaubens ist.

Theologische Ethik fragt somit nach dem richtigen und gerechten Handeln im Sinne des christlichen Glaubens, der konkret Glaube ist an Jesus, den Christus, wie er in der Bibel bezeugt wird.

Daß die theologische Ethik sich am Rand der Gesellschaft aufhält, hängt vermutlich damit zusammen, daß die Kirchen selbst im Verlaufe der industriellen Revolution an diesen Rand gedrängt worden sind.

3

Nachdenklich macht, daß eine elementare Massenbewegung etwas zuwege gebracht hat, was keiner theologischen Ethik in neuerer Zeit gelungen ist. Ich spreche von der Friedensbewegung. Plötzlich waren Sätze der Bergpredigt Jesu, waren Bilder aus alttestamentlichen Friedensvisionen – »Schwerter zu Pflugscharen« – in vieler Mund, tauchten auf Klebern und Transparenten auf. Plötzlich leuchteten Zielvorstellungen, Visionen auf, die uralt biblisch, die genuin jesuanisch sind. Plötzlich wurde von etwas gesprochen, wovon die theologische Ethik sich kaum mehr zu sprechen getraut hatte, nämlich von der »Ethik der Bergpredigt«. Ja, mehr noch: man glaubte in der Bergpredigt Jesu jene universale Lebensvernunft entdecken zu können, die die Menschheit angesichts ihrer möglichen Vernichtung doch noch zur Umkehr bewegen könnte.

Gut, die Kraft dieser Bewegung ist wieder verebbt. Dennoch war es ein erstaunliches Phänomen. Es hat einen formalen und einen inhaltlichen Aspekt.

Der formale Aspekt: Die Friedensbewegung zeigte, daß wahrhaft ethisch heute nur ein Denken und Handeln sein kann, das den derzeit absoluten Primat der Ökonomie zu brechen versucht. In der Friedensbewegung ging es konkret ja darum, den Interessenprimat der *Rüstungs*ökonomie zu brechen, die immer größere Bereiche der Wirtschaft und der Wissenschaft bestimmt.

Nichts aber ist biblischer, jesuanischer oder christlicher als gerade die Einsicht, daß nicht ökonomische Interessen, also nicht Profit und Geld, die höchsten Kriterien des richtigen und gerechten Handelns sein dürfen.

Und zum inhaltlichen Aspekt der Friedensbewegung:

In ihr ist ein elementarer Lebenswille aufgebrochen, der ebenso elementare Wahrheiten formuliert hat, etwa, daß Frieden besser ist als Krieg, Leben besser als Vernichtung. Daß man bei der Formulierung dieser Wahrheiten auf biblische und jesuanische Visionen und Sätze zurückgriff, hängt natürlich mit unserer christlichen Tradition zusammen, deutet vielleicht aber auch an, daß es so etwas gibt wie einen interreligiösen oder transreligiösen Menschheitswunsch und Menschheitswillen nach Leben und Frieden, sozusagen also einen gemeinsamen Nenner der Weltanschauungen und Religionen.

Auf eine minimale Formel gebracht, könnte dieser gemeinsame Nenner etwa lauten: *Miteinander leben lernen ist besser als miteinander untergehen*.

Theologische Ethik, scheint mir, müßte heute versuchen, von ihren christlichen Voraussetzungen her diese so simple Wahrheit zu entfalten und in Weisungen zum sozialen und individuellen Handeln umzumünzen. Das zu tun war von der Friedensbewegung eine Aufforderung, eine Ermunterung aber auch, sich nicht an den Profitinteressen der nutzungsbestimmten Wirtschaft, sondern an den Lebensinteressen der Menschheit zu orientieren – was wiederum genau der Haltung und Intention Jesu entspräche.

4

»Miteinander leben lernen ist besser als miteinander untergehen.«

Eine andere Bewegung, nämlich die ökologische, fordert heute, daß in das »miteinander leben lernen« auch Tiere und Pflanzen, Erdboden, Wasser und Luft miteinbezogen werden müssen. Auch dies eine Erkenntnis, die dem Erschrecken über bereits angerichtete und noch drohende Zerstörungen, Vernichtungen entspringt. Auch dies eine Forderung an die Theologie insgesamt, nicht nur an deren Ethik, über ihre Bücher zu gehen. Ohne Zweifel war der christliche Glaube bisher – und abgesehen von außenseiterischen Traditionen – vor allem und fast nur am Menschen interessiert. Man sprach vom Mitmenschen, aber von Umwelt. Jetzt merkt man, daß ebenso wie vom Mitmenschen von der Mitwelt gesprochen werden muß. Die bisherige Redeweise hatte ihre theologischen Wurzeln in einem Dualismus von Mensch und Natur, der seine Wurzeln teilweise in der Bibel, noch mehr aber im Hellenismus hat, der das Christentum der ersten Jahrhunderte dualistisch prägte. Das ging schließlich so weit, daß ein Feindschaftsverhältnis zwischen Mensch und Natur behauptet wurde. Insofern der Mensch immer auch Natur, ein Stück Natur ist, geriet auch er theologisch und ethisch-moralisch in Verdacht: die Natur *im* Menschen – z. B. seine Leiblichkeit, seine Sexualität – wurde als Sitz der Sünde betrachtet. Aber auch die außermenschliche Schöpfung war lange Zeit von allerlei Dämonen bevölkert. Und etwa das Adjektiv »tierisch« blieb ein Synonym für moralische Verwerflichkeit. All dies lief auf die Forderung nach Beherrschung, nach Herrschaft über die Natur in uns und um uns hinaus. Dabei stützte man sich auf den berühmt-berüchtigten und nicht zufällig mißdeuteten Satz der biblischen Schöpfungssage, wonach der Mensch sich die Erde untertan machen, sie sich unterwerfen solle (1. Mose 1,28).

Heute, am Ende dieser Entwicklung, erschrecken wir, weil es ein Ende mit Schrecken zu werden droht.

Auch die Theologie hat allen Grund zum Erschrecken, zum Umdenken.

In ihrer Marginalität ist die Theologie nicht in der Lage gewesen, rechtzeitig wegweisende Stichworte zu geben, neue Vorstellungen zu entwickeln. Noch vor 20 Jahren ist NATUR kein theologisches Thema gewesen. Die Theologie hatte das Thema Natur den Naturwissenschaften überlassen in der Hoffnung, dadurch von diesen in Ruhe gelassen oder sogar anerkannt zu werden – eine Arbeitsteilung sozusagen. Kein Wunder, daß unter diesen Bedingungen keine theologische Mitweltethik hat entstehen können. Jetzt, unter dem Druck der ökologischen Katastrophe, versucht man, dies nachzuholen. Franziskus von Assisi ist sozusagen der Schutzpatron dieser Nachholübung. Und in der Tat verkörpert er nicht nur eine alternative Ethik, sondern eine alternative theologische Haltung überhaupt, jedenfalls was die Tiere und die Mitwelt betrifft. In anderen Punkten dagegen ist von ihm nichts zu lernen. So etwa war er ein Befürworter von Kreuzzügen.

5

Theologische Nachholübungen jetzt also! Aber sie betreffen primär nicht den Bereich der Ethik, des richtigen und verantwortlichen Handelns. Ein solches Handeln bedarf zunächst ja der Motivation. Wenn keine Motivation da ist, nützt auch eine Diskussion über das richtige Handeln nichts. Wir erleben das heute: wie ungeheuer schwer ist es doch, unsere Gewohnheiten zu ändern, z. B. auf das Auto zu verzichten. Man muß dabei ja nicht nur gegen sich selbst, sondern gegen enorme ökonomische Interessen kämpfen. Man wüßte vielleicht schon, was der Mitwelt zuträglicher wäre, aber eben: es ist so schwer ... Dagegen kommt nur eine starke Motivation auf.

Ich gehe noch einen Schritt weiter und behaupte: dagegen kommt nur eine starke *Vision* auf, die motivierend wirken kann.

Damit aber sind wir mitten in der Theologie als der unabdingbaren Voraussetzung jeder theologischen Ethik. Die Theologie ist denkende Entfaltung einer uralten Vision, nämlich der Hoffnung auf das *Reich Gottes* auf Erden.

Diese Vision leuchtete im Alten Testament auf, sie hat Jesus entscheidend motiviert und zieht sich seither wie ein roter Faden durch die Geschichte der Kirchen und ihrer Ketzer.

Reich Gottes – das ist ein Bild, eine Formel für die Überzeugung, daß Gott der Schöpfer unsere Welt trotz allem gelingen lassen will! Reich Gottes meint eine Welt ohne Kriege, ohne Ausbeutung, das Ende jeder Herrschaft von Menschen über Menschen. Darum, so Paulus (1. Korinther 15,24), wird sich das Christuswerk vollenden in der Abschaffung jeder Gewalt und Herrschaft, damit Gott alles in allem werden kann (1. Korinther 15,28).

Allerdings ist diese zentrale und sozusagen alternative Vision des christlichen Glaubens oft untergegangen in theologischer Anpassung und ethischer Kasuistik. Dennoch ist und bleibt sie der glühende Kern der christlichen Hoffnung und der ethischen Motivation der Christen.

6

Hat die Vision des Reiches Gottes bisher vor allem ein neues Zusammenleben der Menschen in Gerechtigkeit und Frieden vor unsere inneren Augen gemalt, so muß dazu jetzt auch eine neue Vision vom Zusammenleben der Menschen mit ihrer natürlichen Mitwelt kommen.

Dabei mag Franziskus meinetwegen als Prototyp dienen. Wichtiger allerdings scheint mir in diesem Zusammenhang der Aufbruch der feministischen Theologie zu sein, die das etwas verknorzte Verhältnis der bisher ja maskulinen Theologie zur Natur zu neuen Einsichten scheint befreien zu können. Jedenfalls ist die feministische Theologie nicht mehr bereit, das Thema NATUR noch länger einer Naturwissenschaft zu überlassen, die ihre Unschuld längst an die Ökonomie verloren hat. Dafür wird plötzlich entdeckt, wie viel ökologische Weisheit in den sogenannten Naturreligionen enthalten war, die das männlich-imperiale Christentum ausgerottet hat. Feministische Theologinnen scheuen sich nicht, von der Erde wieder als von einer Mutter zu sprechen, wobei diese Mutterschaft nicht nur das menschliche, sondern alles Leben, auch das tierische und pflanzliche, auch Wasser und Luft, umfaßt.

Ist das ein Rückfall in Mythologie?

Ich würde lieber von Rückgriff sprechen – ein Rückgriff auf mythologisch-ökologische Weisheit im Gegenzug zur mythologisierenden Verklärung der Technik, des modernen Machbarkeitskultes.

»Die Naturwissenschaften sind heute ein imperialistischer Angriff auf die Natur«, schreibt der 80jährige Chemiker Erwin Chargaff.

In der Theologie sind es am meisten und nachhaltigsten die Feministinnen, die diesen Angriff auf die Natur beenden und zu einem Friedenschluß, zu einer Versöhnung mit der Natur um uns und in uns gelangen möchten. Aus dem Gegeneinander soll ein Miteinander werden, weil das Gegeneinander zum Untergang beider, sowohl des Menschen wie der Natur, zu führen droht. Ein neues Gleichgewicht zwischen menschlicher Arbeit/Kultur und natürlicher Mitwelt ist – so die feministische Theologie – ebenso lebens- und überlebensnotwendig wie ein neues Gleichgewicht zwischen christlicher Moral und menschlicher Natur.

Aber auch hinter dieser feministischen Position steht die Vision des Reiches Gottes, einer Welt also, die Gott oder die Göttin Gott trotz allem zum Gelingen bringen will.

7

Ohne die Vision des Reiches Gottes ist theologische Ethik nichts, verläuft und verirrt sie sich in Kasuistik im Dienste der herrschenden Verhältnisse, die bekanntlich die Verhältnisse der Herrschenden und heute ohne Perspektiven sind. Erich Fried hat dazu das Nötige gesagt: »Wer will, daß es so weitergeht, will nicht, daß es weitergeht.«

Eine theologische Ethik wird es im qualifizierten Sinne nur geben können, wenn und solange sie gespeist wird von der Vision des Reiches Gottes, das nicht wir herbeiführen werden, dessen Gelingen durch Gott aber unsere Mitarbeit nicht aus-, sondern einschließt. Noch ist eine theologische Ethik der Mitwelt kaum entwikkelt. Noch ist die Vision einer Versöhnung zwischen menschlicher Arbeit und Natur zu vage, zu wenig deutlich und stark. Da bedeutet es eine nicht zu unterschätzende Hilfe, wenn die feministische Theologie das Bild von der Mutter Erde neu lanciert und damit die Geschwisterlichkeit alles Geschaffenen und Lebendigen hervorhebt. Das ist ein Ansatz, der ethisch weiterführen könnte, weil er von einleuchtender Einfachheit ist. Mit einer Mutter geht man nicht um wie mit einem Gegenstand, einem Objekt. Hier ist eine ganz andere Art von Verantwortung und Behutsamkeit geboten im Sinne eben der eingangs erwähnten Formel: Miteinander leben lernen ist besser als miteinander untergehen.

Die feministische Rede von der Mutter Erde will nichts anderes, als dieses »miteinander leben lernen« veranschaulichen, um uns zu motivieren für ein mitweltgerechteres, liebenderes Verhalten – wenn nötig auch gegen ökonomische Zwänge und liebgewordene Gewohnheiten.

Lied für die Erde

In uns kreist das Leben,
das uns Gott gegeben,
kreist als Stirb und Werde
dieser Erde.

Ruhig leuchten Felder,
dunkel stehn die Wälder:
ohn' sie kanns kein Leben
für uns geben.

Gottes Kreaturen
füllen Hügel, Fluren:
ohn' sie kanns kein Leben
für uns geben.

Vögel in den Höhen,
Fische in den Seen:
ohn' sie kanns kein Leben
für uns geben.

Schön im Stirb und Werde
kreist die Mutter Erde,
trägt, was ihr gegeben:
Gottes Leben.

Es geht um das Ganze

1

Die neue Rüstungsspirale senkt die Vorwarnzeit für Mittelstreckenraketen auf sechs bis sieben Minuten. Diese Frist läßt der Gegenseite keine Zeit mehr für Nachfrage, Nachprüfung, Überlegung. Die Auslösung des Gegenschlags muß deshalb computerisiert, d. h. automatisiert werden. Das wiederum bedeutet: bereits ein Computer*fehler* kann den Atomkrieg entfesseln, selbst gegen den Willen der Beteiligten.

Die Erkenntnis, daß das Leben von Kontinenten, ja daß *das Ganze* des irdischen Lebens abhängt von einer Computerperfektion, die es bisher nie gegeben hat, wohl auch nie geben wird, ist beklemmend.

Wie konnte es so weit kommen?

Seit langem ist die westliche Zivilisation bestimmt vom Willen, der zur Obsession und zum Zwang wurde, alles, was machbar geworden ist, früher oder später tatsächlich zu machen. Keine natürliche, keine religiöse, auch keine ethische Grenze hat diese Bewegung bisher aufhalten können. Nietzsche scheint richtig prophezeit, Martin Heidegger zutreffend analysiert zu haben, wenn beide zum Schluß kommen, die Grundbewegung der abendländischen Geschichte sei eine nihilistische geworden. Die Automatisierung der totalen Vernichtung entspricht genau der inneren Logik dieser nihilistischen Grundbewegung.

Das Prinzip, alles zu machen, was machbar wurde,

entspringt dem Glauben, gegebene Grenzen immerzu weiter hinausrücken und schließlich ganz aufheben zu können. Eine Utopie natürlich! Doch diese Utopie bestimmt das kapitalistische, das marxistische und das technokratische Denken und Handeln noch immer, obgleich seit langem erkennbar ist, daß ein weiterhin grenzenloses Fortschreiten in die grenzenlose Vernichtung führen muß.

Es geht um das Ganze. Ein Ganzes gibt es jedoch nur, wo auch Grenzen sind und wo diese Grenzen respektiert, vielleicht sogar geliebt werden. Grenzenlosigkeit ist jene »Wirrnis und Wüste« (so übersetzte Martin Buber) vor der Schöpfung, das Tohu-wa-bohu oder chaotische Nichts, aus dem heraus und dem entgegen Gott das Ganze der Schöpfung schuf (1. Mose 1,12). Für die biblische Kosmologie bleibt dieses zurückgedrängte und ausgegrenzte Chaos eine latente Bedrohung. Die Sintflutgeschichte deutet an, daß es gegebenenfalls wieder hereinbrechen und die gesetzten Grenzen überfluten könnte (1. Mose 6 – 8). Zugleich enthält diese Erzählung aber die Zusage, daß Gott den Tod der Menschheit nicht will und auch nie einleiten wird, »solange die Erde steht« (1. Mose 8,21 f.). Deshalb will Gott auch keine Grenzenlosigkeit. Er ist ein Gott der Grenzen. Das von ihm geschaffene Leben braucht Grenzen, um sich im einzelnen und im ganzen entfalten zu können.

Das griechische Denken und Reden deckte einen ähnlichen Zusammenhang auf. Das Wort »télos« bedeutet hier sowohl »Grenze« wie auch »Sinn«. Sinn setzt Grenzen, Grenzenlosigkeit ist Sinnlosigkeit.

Dem Glauben an einen Sinn, was christlich bedeutet dem Glauben an Gott, entspricht die Bejahung und Respektierung der begrenzten Schöpfung und damit auch der Grenzen der Schöpfung. Ohne Grenzen kein Leben, keine Gestalt, kein Ganzes. Diese Einsicht mobilisiert den Schöpfungsglauben gegen den chaotischen Macht- und Bemächtigungswillen, der bisher mit grenzenlosem Wachstum lockte, jetzt aber seinen nihilistischen Charakter enthüllt, indem er mit ebenso grenzenloser Vernichtung droht.

2

Es geht um das Ganze des Lebens, weil nur in diesem Ganzen das einzelne Leben Sinn hat.

Unbiblisch ist eine »Zweitwohnungstheologie«, d. h. die Vorstellung, daß der einzelnen Seele nach der Auslöschung des Ganzen ein Fluchtweg offenbleibt in eine Zweitwohnung jenseits dieses Ganzen.

Nur im Zusammenhang des Ganzen hat das einzelne Leben seinen Sinn und sein Recht. Für diese Wahrheit setzt die Bibel das Wort »Schalom«.

Schalom heißt »Frieden«. Vor allem ist Schalom ein Grußwort, das Grußwort auch des Auferstandenen. Im Gruß geschieht Zuwendung. Er drückt Bejahung aus: »Ich freue mich, daß du bist!« Diese Bejahung des andern stiftet Gemeinschaft, signalisiert den Willen zum Gespräch und zur Zusammenarbeit. Mehr noch: wer »Schalom« sagt im Sinne von »Friede mit dir!«, drückt damit aus, daß er ohne andere nicht leben und auch nicht sich selber sein kann. Der andere gehört zu mir, und ich gehöre zu ihm, selbst dann, wenn wir Widersacher sind. Beide gehören zum Ganzen, das nicht statische Uniformität, sondern lebendige Bewegung ist, voll Widerstreit und Spannungsspiel. Für Jesus gehört auch der Feind zum Ganzen des von Gott geschaffenen Lebens. Deshalb: »Liebet eure Feinde!« Und zur Begründung dieser Weisung nennt Jesus ausdrücklich den, der die Menschheit als Ganzes erhalten will: »...damit ihr Söhne seid eures Vaters in den Himmeln! Denn er läßt seine Sonne aufgehen über Böse und Gute und läßt regnen über Gerechte und Ungerechte.« (Matthäus 5,44 f.)

Im Widerspruch zu diesem Schalom-Denken steht heute die dualistische, ja manichäische Theologie, die den andern, etwa Moskau, zum hassenswerten Inbegriff alles Bösen, sich selbst aber zum Inbegriff des Guten und Gottgewollten erklärt. Ein solches Denken zielt auf keinen Schalom, sondern auf die Demütigung, wenn möglich Ausschaltung des anderen zugunsten der eigenen Hegemonie, die man für das Ganze hält. Die jeweils andern zählen nicht dazu. Ihr Anders-Sein stört nicht nur, es wird als Bedrohung empfunden. Ihr gegenüber kann die eigene Rüstung nie groß genug sein, auch wenn sie, wie jetzt, zur automatisierten Vernichtungsmaschine führt, die bereits durch einen Computerfehler in Aktion treten könnte.

Anders als diese gefährliche Hegemonial-Logik geht das Schalom-Denken der Bibel und insbesondere dasjenige von Jesus darauf aus, das eigene Dasein und So-Sein mit dem Anders-Sein der andern, das eigene Wohl und die eigene Sicherheit mit dem Wohl und der Sicherheit der andern zusammenzudenken. Nur so kann im Partikularen das Ganze und im Ganzen das Partikulare bewahrt werden, ohne daß das eine das andere zerstört.

Möglicherweise ist es nicht Zufall, daß sich diese Schalom-Vorstellung in einem kleinen und politisch schließlich einflußlosen Volk hat entfalten können. Für ein kleines Volk ist es selbstverständlich, weil existenznotwendig, die Rechte seiner Nachbarn und die eigene Begrenztheit zu respektieren. Groß- und Supermächte dagegen entwickeln stets wieder eine Bemächtigungsideologie, die weder Grenzen noch Eigenständigkeiten respektiert und dadurch die Wege zum Schalom verbaut.

Der Geist des Schalom, so denke ich mir, könnte sich heute konkretisieren im Mut kleiner und mittlerer Staaten, die sich um ihrer selbst und des Ganzen willen aus den großen Militärblöcken lösen, um atomwaffenfreie und neutrale Zonen zu bilden. Ansätze dazu gab und gibt es. Leider nur Ansätze bisher. Doch gerade für die neutrale Schweiz würde sich hier ein Feld friedenspolitischer Aktivität öffnen, durchaus im Geiste des Schalom.

3

Es geht um das Ganze, das Ganze heißt biblisch »Schalom«. Das Wort »Schalom« ist »von einem Verb gebildet, das die Bedeutung hat: etwas vollständig machen, etwas ganz oder heil machen«. (Claus Westermann in: Studien zur Friedensforschung, 1969, Bd 1, S. 147)

Der Schalom ist also mehr als die Abwesenheit von Gewalt und Krieg, wenngleich er ohne diese Abwesenheit nicht denkbar ist. Schalom bezeichnet einen Lebenszusammenhang, »in dem der Mensch unverletzbar er selbst sein darf: ein – im ursprünglichsten Sinn des Wortes – ganzer Mensch«. (Eberhard Jüngel: Zum Wesen des Friedens, 1983, S. 51)

Der Schalom will Ganzheit. Weil er Entzweiung und Zwiespalt heilen kann, dürfen wir ihn füglich auch mit »Heil« übersetzen. Aber Heil nicht im Sinne jenes Dualismus, für den der Körper ein physisches Gefängnis der Seele ist, aus dem sie befreit werden will. Heil also nicht als Erlösung der unsterblichen Seele aus den Begrenztheiten des sterblichen Leibes. Diese Lehre ist nicht biblischen Ursprungs. Ihre Signatur ist Zwiespalt, nicht Ganzheit. Sie ist vor allem deswegen gefährlich, weil sie zur Schlußfolgerung neigt, daß die geschaffene Welt der unsterblichen Seele nicht würdig, sondern nur lästig und bestenfalls eine permanente Prüfungsschikane sei. Von da her kann die körperliche und materielle Welt im Grunde nur verachtet und erlitten oder dann unterworfen und unterdrückt werden. Das jedoch führt zur Entzweiung des Menschen, der immer auch Naturgeschöpf ist, mit sich selbst. Es führt aber auch zur Geringschätzung und Unterwerfung der außermenschlichen Natur, deren eigenständige Rechte und Ansprüche nicht erkannt werden. Und warum schließlich sollte diese verächtliche und widrige Welt, welche die unsterblichen Seelen ja bloß eingekerkert hält, nicht ausgelöscht werden? Hat sie etwas Besseres verdient? Von ihrem Tod blieben die Seelen, weil unsterblich, nicht berührt.

Ich weiß, das ist überspitzt formuliert. Dennoch, dieses Denkschema liegt manchen frommen Verlautbarungen zugrunde, die auf die totale Bedrohung mit der Botschaft vom individuellen Heil der unsterblichen Seele antworten.

Für das biblische Denken sind Geist und Materie aber nicht Gegensätze, sondern Erscheinungsformen derselben geschaffenen Wirklichkeit. Beide tragen das Gütezeichen ein und desselben Schöpfers, der sie als unteilbares Ganzes geschaffen hat.

Allerdings gibt es – vor allem soziale – Lebensbedingungen, unter denen das menschliche Leben tatsächlich nur noch Demütigung, Erniedrigung, Hunger bedeutet. Mehr als nur verständlich ist, wenn sich als Reaktion darauf dualistische Hoffnungen entfalten auf eine Erlösung der Seele aus diesem Elend. Daß hierbei der Glaube an die Unsterblichkeit der Seele sozusagen zur verzweifelten Demonstration wird für den unersetzlichen Wert der menschlichen Individualität, leuchtet ein. Dualistische Glaubensanschauungen dieser Art sind mit Karl Marx deshalb ernst zu nehmen als »Ausdruck des wirklichen Elendes« und gleichzeitig als »die Protestation gegen das wirkliche Elend. Die Religion ist der Seufzer der bedrängten Kreatur, das Gemüt einer herzlosen Welt, wie sie der Geist geistloser Zustände ist. Sie ist das Opium des Volkes«. (Zur Kritik der Hegelschen Rechtsphilosophie. In: Karl Marx, Die Frühschriften, 1968, S. 208)

Das »wirkliche Elend«, das sich oft und verzweifelt genug in einer dualistischen Religiosität Ausdruck verschafft, beweist die Absenz jeder Schalom-Spur in den bestehenden Verhältnissen. Darum bleibt dann wirklich nur noch der Griff zum religiösen oder zum realen Opium. Auch nach einem Atomkrieg bliebe den vorläufig Überlebenden bloß noch religiöses und reales Opium. Letzteres wird für diesen Fall denn auch bereitgestellt.

Noch aber bleibt die Verheißung, die uns zum Umdenken, zur Umkehr ruft. Gott will den Schalom. Er will das Ganze in der Fülle seiner geschaffenen Lebendigkeit, keine Planetenleiche. Und darum will er ebenso die Ganzheit des individuellen Lebens im intakten Zusammenspiel von Geist und Körper, von Seele und Materie, von Innen und Außen.

4

Es geht also um das Ganze des globalen Lebens, in dessen Zusammenhang sich das einzelne Leben soll entfalten können. Je ganzheitlicher die individuellen Leben gelingen, desto geglückter entfaltet sich der Lebenszusammenhang im Ganzen.

Niemals aber bedeutet Ganzheit: Einheitlichkeit, Zentralismus, Uniformität! Diese töten die Ganzheit im Gegenteil ab. Lebendig ist Ganzheit nur, solange sie differenzierte Vielfalt im Zusammenspiel bleibt. Am anschaulichsten zeigt das die Beobachtung organischer Strukturen, die nur funktionieren können als dynamisches Zusammenspiel vieler kleinerer und autonomer Systeme, die sich selbst organisieren und selbst erneuern. »Also: Kein Orwellscher Zentralismus, sondern Delegation relativer Selbständigkeit an die Teilsysteme, wobei diese Selbständigkeit soweit geht, daß *individualisierte* Gebilde heranwachsen, jeder Art von Gleichschaltung enthoben.« (Daniel Lukas Bäschlin: Wehrwille und grüne Kraft, 1983, S. 130 f.) Physiker nehmen an, daß sich das Naturgeschehen im Bereich der Elementarteilchen zum Teil sogar frei und spontan vollzieht.

Zur vergleichsweise primitiven Mechanik zentralistischer Steuerung und Determination tendieren nur die menschlichen Eroberungs- und Bemächtigungsstrategien. Ihre tödliche Fatalität zeigt sich spätestens in den zentralen Computersystemen, von deren Funktionieren oder Nicht-Funktionieren das weitere Leben auf unserem Planeten abhängt. Sie repräsentieren die negative irdische Allmacht, welche sich die Menschheit angeeignet hat.

Ist ihr gegenüber eine positive Allmacht denkbar, wie sie Gott immer wieder zugeschrieben wurde?

Unverblümt schrieb der holländische Theologe Kornelis Heiko Miskotte: Wer »von Gottes ›Allmacht‹ spricht, kann den Gehalt des Wortes nicht zu Ende denken, ohne sich in die Vorstellung einer leeren, monströsen Tyrannis zu verwirren«. (Wenn die Götter schweigen. Vom Sinn des Alten Testamentes, 1963, S. 196) Mit noch deutlicheren Worten hatte sich vor ihm schon Karl Barth geäußert: » ... wer den ›Allmächtigen‹ Gott nennt, der redet in der furchtbarsten Weise an Gott vorbei. Denn der ›Allmächtige‹ ist böse, wie ›Macht an sich‹ böse ist. Der ›Allmächtige‹, das ist das Chaos, das Übel, das ist der Teufel. Man könnte gerade den Teufel nicht besser bezeichnen und definieren, als indem man diese Vorstellung eines in sich begründeten, freien souveränen Könnens zu denken versucht. Dieser Rauschgedanke der Macht, das ist das Chaos, das tohu wabohu, das Gott in seiner Schöpfung hinter sich gelassen hat, das er nicht gewollt hat, als er den Himmel und die Erde schuf.« (Dogmatik im Grundriß, 1947, S. 54)

Die Antwort dieser Theologen ist eindeutig: es gibt keine positive, keine göttliche Allmacht. Allmacht ist immer negativ, ist immer lebensfeindlich. Sie bleibt ein Rauschgedanke, vor allem wohl eine Männerphantasie. Leider verfügen die Männer über die Machtmittel, diese Phantasie auch ins Werk zu setzen und als Weltvernichtungstechnologie zu realisieren. Ist es Zufall oder ist's verräterisch, daß gerade Männer und Staatsmänner, wenn sie einmal von Gott reden, mit Vorliebe vom »Allmächtigen« sprechen? Auch Hitler pflegte das zu tun.

Die Bibel aber verkündet Gott nicht als Allmacht, sondern als Heilsmacht. Größer als die anderen Mächte ist er nicht vermöge einer Omnipotenz, sondern vermöge seines Schalom, d. h. seiner Ganzheit oder Vollkommenheit. Zu dieser Schalom-Macht gehört die Fähigkeit und Freiheit, loslassen, freigeben zu können. Insofern ist Gott als eine seiner wesentlichen Eigenschaften oder Vollkommenheiten die Freiheit vom Zwang zuzuschreiben, sich aller Dinge bemächtigen, über alle Dinge Macht ausüben zu müssen. Erst wenn wir diese Freiheit vom Bemächtigungs- und Machtzwang als eine Vollkommenheit Gottes erkennen, geht uns auf, daß seine Menschwerdung und seine Passion im Nazarener nicht etwas anderes, nicht etwas seinem Wesen ursprünglich Fremdes ist. Im Gegenteil: hier und vor allem hier offenbart er seine Ganzheit, seinen Schalom und damit sein ursprüngliches Wesen, sein Herz sozusagen.

5

Daß das Konzept einer alles determinierenden Macht lebensfremd und deshalb bald auch lebensfeindlich ist, zeigen, wie gesagt, die natürlichen Organismen. Ihre Lebendigkeit gründet in Strukturen, die immer auch autonom, immer auch dezentral und polykausal sind, nie endgültig festzulegen entweder auf Freiheit oder auf Determination. Es scheint immer nur eine relative Freiheit und eine relative Determination zu geben, so daß beide sich also korrelativ zueinander verhalten. Und eben darin, so nehme ich kühnerweise an, spiegelt die Lebendigkeit des Organischen die Lebendigkeit des Schöpfers, der als Heilsmacht zugleich die Macht ist, die losläßt, die freigibt – also nicht Allmacht, nicht alles determinierende Macht, der auf der anderen Seite nur Ohnmacht, nur determinierte Unfreiheit entsprechen könnte.

Der Wahngedanke der Allmacht ignoriert die Strukturen des Lebendigen. Seine Umsetzung in wirtschaftliche, militärische, politische Praxis führt deshalb zur Negation des Lebens.

Gott ist nicht Allmacht. Dafür ist jetzt aber der Mensch im Besitz einer irdischen Allmacht, die es ihm erlaubt, alles Leben auf diesem Planeten auszulöschen. Tatsache ist ferner, daß der Besitz dieser negativen Allmacht unwiderruflich ist. Es wird nie mehr möglich sein, den Besitz dieses Wissens und Könnens aus den Köpfen und aus der Welt zu schaffen. Wir sind dazu verurteilt, d. h. wir selber haben uns dazu determiniert, mit dem Know-how dieser negativen Allmacht leben zu müssen. So haben wir nicht bloß eine Leiche, wir haben für immer ein Monster im Schrank, das, wenn losgelassen, alles in Leichen verwandeln könnte.

Ich weiß: nicht Sie, nicht ich haben diese negative und unwiderrufliche Allmacht gewollt, geplant und aufgebaut. Nicht wir sind die Täter. Sind wir vielleicht aber Komplizen? Haben nicht auch wir z. B. anfänglich geglaubt, daß die Atomenergie ein Gottesgeschenk zur Lösung aller künftigen Energieprobleme sei? Ich jedenfalls habe das seinerzeit geglaubt und dabei unkritisch übersehen, daß der Schenkende nicht der Schöpfer und Schalom-Gott, sondern vielmehr der Kriegsgott Mars ist, weil die zivile Atomtechnologie ein Sproß und Nebenzweig der militärischen ist und bleibt. Das gilt freilich auch von anderen industriellen Entwicklungen. Es scheint ein fatales Kennzeichen unseres Jahrhunderts zu sein, daß entscheidende technische Impulse von der

Kriegs- und Rüstungsindustrie ausgegangen sind. Ich nenne als Beispiele die Produktion synthetischer Kunststoffe, die Elektronik und eben die Atomenergie. Der hohe Produktions- und Konsumstandard unserer Industrieländer verdankt sich unter anderem der Rüstungsindustrie.

Heute nun also verwenden wir Atomstrom. Die abgebrannten Brennstäbe der Atomkraftwerke kommen zur Wiederaufbereitung nach La Hague in Frankreich. Dort wird ihnen das Plutonium entnommen. Plutonium braucht es zur Herstellung von Atomsprengköpfen. Daß Plutonium auch schweizerischer Herkunft in die Atomwaffenproduktion der französischen »force de frappe« wandert, konnte nie dementiert werden. Überall auf der Welt sind Atomkraftwerke Plutoniumlieferanten für die Atomrüstung. Mit dem Strompreis bezahlen wir auch diese.

So müssen wir wohl zugeben: auch wir sind es, die, wenn auch bloß als Mitläufer, unser Teilchen dazu beigetragen haben, um die Menschheit zum Inhaber einer negativen Allmacht zu machen, für welche die atomare Overkill-Potenz nur das brutalste, keineswegs das einzige Kennzeichen ist. Wir alle sind getriebene und zugleich mitantreibende Teilnehmer einer Bemächtigungsstrategie, deren Grenzenlosigkeit auch die Kompetenz-Grenzen der Weltbemächtiger zu übersteigen, d.h. ihrer Kontrolle zu entgleiten droht. Dies eben signalisiert die Automatisierung der Vernichtungsallmacht. Losgelöst vom Willen der Beteiligten kann durch eine Panne im Automatismus der Overkill entfesselt werden.

Ein anderes Beispiel dafür, daß wir Weltbemächtiger uns übernommen haben, ist das ebenfalls schon erwähnte Plutonium, das hochgiftige Nebenprodukt atomarer Stromerzeugung. Atomkraftwerke funktionieren etwa 30 Jahre lang. Das von ihnen nebenbei in die Welt gesetzte Plutonium jedoch bleibt nicht bloß während Jahrzehnten oder Jahrhunderten, sondern während Hunderttausenden von Jahren so gefährlich, daß es ständig kontrolliert und bewacht werden müßte. Das ungeheuerliche Mißverhältnis zwischen 30 Jahren Stromerzeugung und Hunderttausenden von Jahren Lebensgefährdung macht offenkundig, daß wir damit die Grenzen menschlicher Kompetenz überschritten haben.

Der Schalom, auf den hin Gott die Erde geschaffen hat, ist ein dynamisches Zusammenspiel verschiedener Lebens- und Kompetenzbereiche. Die Grenzen, welche diese Bereiche trennen und gerade dadurch miteinander verbinden, sind notwendige Funktionselemente des Ganzen. Eine weitere Mißachtung dieser Grenzen muß das Ganze zerstören.

Wir haben also Grund zur Angst. Ich bin gegen die Abwiegelung dieser Angst, bin auch gegen die gedankenlose Beschwichtigung mit dem Christuswort: »In der Welt habt ihr Angst; aber seid getrost, ich habe die Welt besiegt.« (Johannes 16,33) Was soll, wenn wir unsere eigene Gattung einmal vernichtet haben, der Sieg Christi noch? Er würde sozusagen nicht mehr »greifen«, d. h. er griffe ins Leere. Wir hätten die Erde dem Schalom entzogen, auf den hin sie geschaffen ist.

6

Es geht um das Ganze. Was sollen wir tun?

Hingehen und mitmachen in der Friedens- oder in der Drittwelt-Arbeit inner- und außerhalb der Kirchen. Hingehen und mitmachen in ökologischen Gruppen und Initiativen inner- und außerhalb der Parteien. Und so weiter! Es gibt viele gute Möglichkeiten, als einzelne und im einzelnen etwas für das Ganze zu tun. Auch sollten wir uns, so schwer das fallen mag, persönlich umstellen, wo immer wir entdecken, daß unser Verhalten das Ganze mitgefährden hilft. Das geht von der Konfliktregelung zu Hause bis zum Verzicht aufs Auto oder zur Umstellung von Ernährungsgewohnheiten. Doch möchte ich hier keinen Katalog möglicher und nötiger Lebensveränderungen und Engagements erstellen. Die Frage, ob nicht alles schon zu spät oder auch sonst vergeblich ist, stellt unsere besten Absichten und Vorsätze stets von neuem in Frage. Hat, wenn wir in die Geschichte zurückblicken, der Mensch nicht eben doch immer getan, wozu er fähig geworden war? Wird er, nunmehr fähig zur Vernichtung des Ganzen, seine negative Allmacht nicht eben doch ins furchtbare Werk setzen?

Um nicht vollends lähmender Resignation zu verfallen, müßten wir mit der Möglichkeit rechnen können, daß zum ersten Mal in der historisch dokumentierten Epoche die Menschheit das nicht tut, was sie tun könnte. Ist, trotz bisheriger Gegenerfahrung, ein solches Nicht-Tun im Ernst erhoffbar?

Auf diese Frage antwortet ein Mauerwandspruch folgendermaßen: »Die Zukunft wird entweder weiblich sein – oder gar nicht.«

Ich glaube in der Tat, daß das jene »Weisheit auf der Gasse« ist, die Sophia der Sprüche, die »oben auf den Mauern« und »am Eingang der Stadttore« ruft, wenn nicht sogar, wie Martin Buber übersetzte, »gellt« (Sprüche 1,20 f.).

Bisher war die Geschichte das Werk und die Inszenierung von Männern. Jetzt droht sie als Katastrophe zu enden. Wäre es da nicht an der Zeit, das scheiternde Stück abzusetzen und ein neues einzustudieren unter dem Leitwort »Verweiblichung der Macht«?

Welchen Beitrag hierzu könnte die Theologie leisten? Bereits hat die außerhalb der theologischen Fakultäten gewachsene feministische Theologie wichtige Einsichten und Forderungen erarbeitet. Nach bald zwei Jahrtausenden »Väter«-Theologie ist der Abwehrreflex gegen eine Verweiblichung der Gottesvorstellung aber noch immer enorm stark. Gott auch als Göttin, den Vater auch als Mutter zu denken und anzurufen, fällt uns schwer trotz des bekannten Schriftwortes, daß Gott den Menschen nach seinem Bilde als Mann UND Frau geschaffen habe (1. Mose 1,27), was den Rückschluß erlaubt, daß der Schöpfer ebenfalls in sich »paarig«, also männlich UND weiblich ist, Gott UND Göttin. Die Bibel selbst, historisch ein Dokument patriarchaler Gesellschafts- und Religionsverhältnisse, hat diesen Ansatz freilich nicht weiterentwickelt. Im Christentum wollte später eine mystisch-spekulative Nebentradition die androgyne Mannweiblichkeit Gottes behaupten. Anknüpfend an den Denkentwurf der Trinität, verstehe ich Gottes »Paarigkeit« jedoch nicht androgyn, sondern kommunitär, nicht als Unio, sondern als Communio, nicht als Verschmelzung, sondern als Beziehung. Die innergöttliche »Paarigkeit« wäre somit ein weiterer

Aspekt jener pluriformen Ganzheit, die biblisch »Schalom« heißt und sich uns als Segen mitteilt: »Der Friede Gottes sei mit euch«. (Römer 1,7 und oft)

Da wir heute wissen, daß die männliche Psyche ebenso eine weibliche Seite (Anima) hat wie die weibliche Psyche eine männliche (Animus), gehört zum Schalom des göttlichen Segens immer auch die Aussöhnung des Weiblichen und des Männlichen in der einzelnen Seele. Für den Mann müßte das zweifellos eine Aufwertung seiner Anima, d. h. seiner weiblichen Fähigkeiten und Kräfte bedeuten. Dies aber wäre in der Tat ein Segen, nachdem sich die Vorherrschaft einseitig und extrem männlicher Wertvorstellungen und Machthaltungen immer mehr als Fluch entpuppt.

Die Verweiblichung unserer Machtvorstellungen und die Verweiblichung der Gottesvorstellung sind zwei Seiten ein und derselben Medaille, weil für den Glauben Gott die höchste und die tiefste Macht ist.

Der absolute Gottesmonarch, der alles in seinem Griff hat, ist ein Herrschertraum, eine Männerphantasie. Unschwer erkennt man in ihr den Bemächtigungs- und Besiegungszwang wieder, dem sich unsere patriarchale Gesellschaft verschrieben hat mit ihrem Streben, alles zu erobern, was zu erobern ist, alles zu machen, was machbar geworden ist.

Soll man zugespitzt vielleicht sagen: da Männer nicht gebären können, wollen sie ihre Macht und Potenz dadurch beweisen, daß sie sich der Welt bemächtigen?

Ein Kind austragen und gebären ist jedenfalls ein spezifisch weibliches Können, eine spezifisch weibliche Macht, ist so etwas wie Wachstumsmacht, Lebensmacht, die warten kann, wachsen lassen und auch leiden kann um deswillen, das heranwächst. Und Gebären ist die Macht, das Gewachsene loslassen, freigeben zu können. Die Fähigkeit Gottes, um unserer Zukunft willen leiden zu können, sowie seine Freiheit, auch loslassen, auch freigeben zu können, enthüllt für mich seine weibliche Seite.

Einige Gleichnisse Jesu beschrieben die Macht Gottes denn auch als Wachstumsmacht, als Lebensmacht anstatt immer nur als Herrschaftsmacht (Gleichnis vom Sämann, vom Unkraut unter dem Weizen, vom Senfkorn, Matthäus 13,1–32). Den Vorstellungen einer von oben nach unten regierenden Monarchenmacht werden damit Bilder einer weiblich von unten nach oben wachsenden »Physis«-Macht entgegengestellt. Schon immer galt die vegetationsmächtige Erde als Mutter, nie als Herrscher und Unterwerfer.

Entscheidend ist bei alledem die Einsicht, daß die Macht Gottes nicht auf patriarchale Herrschermacht, schon gar nicht auf Allmacht reduziert werden darf. Sie ist vollkommener, ist »schalomischer«, ist immer auch weibliche Wachstums- und Gebärmacht, die losläßt und freigibt. Erst dadurch wirkt sie Leben, stiftet sie Segen, wogegen sich unsere Obsession, alles in den Griff nehmen zu wollen, alles, was machbar wurde, auch zu machen, als Fluch entpuppt.

Die Verweiblichung der Gottesvorstellung würde uns ein tieferes Verständnis der Macht Gottes ermöglichen. Diese Macht ist genauso weiblich wie männlich, ist nie nur das eine oder nur das andere, sondern der Schalom, das heilvolle Zusammenspiel beider. Dieses schließt ebenfalls ein dialogisches Miteinander von Tun und Nicht-Tun mit ein, wie es jede Schalom-Beziehung zwischen männlich und weiblich enthält. Die taoistische Yin-Yang-Weisheit hat das schon immer gelehrt, und auch wir Christen tun gut, an dieser Weisheit nicht einfach vorüberzugehen.

Damit ergibt sich, daß der auch weiblich und damit ganzheitlich erfaßte Gott nicht auf unablässiges Tun, auf All-Macht im Sinne von Alles-Tun, festgenagelt werden kann. Darauf verweist wohl auch die Schöpfungserzählung, die vom Nicht-Tun Gottes am siebenten Tage spricht (1. Mose 2,2/3). Auch Nicht-Tun gehört zur Freiheit und zum Schalom, d. h. zur Vollkommenheit Gottes. Seine Macht ist Heilsmacht, weil sie gerade nicht alles macht, was sie machen könnte. Darin unterscheidet sie sich zutiefst vom totalen Bemächtigungsrausch der modernen patriarchalen Gesellschaften.

In der jetzigen Situation scheint mir die Demontage der Allmachtsvorstellung aus zwei Gründen wichtig, sogar lebenswichtig zu sein. Erstens steht diese »terrible simplification« einem ganzheitlichen Verständnis Gottes und seines Schalom im Wege. Und zweitens gibt sie dem menschlich-männlichen Allmacher- und Allmachtswahn Rückendeckung. Warum auch sollte, wer sich als Ebenbild und Statthalter einer universalen Allmacht versteht, für sich nicht eine irdische Allmacht beanspruchen dürfen?

Nur eben: Gott ist nicht Allmacht, er ist Heilsmacht, Schalom. Die männlich-weibliche Gottebenbildlichkeit wird zum Auftrag, unser Leben und die Welt im Geiste des Schalom zu gestalten.

Bleibt dafür aber noch Zeit? Wenn wir, wie bisher, alles alsbald auch tun, was wir tun können, dann ist's wohl zu spät. Die Menschheit wird, und wäre es auch bloß durch ein Versehen, eine Panne, ihrer eigenen Allmacht zum Opfer fallen.

Das Ganze hängt davon ab, ob wir vom automatischen und zwangsneurotischen Alles-Tun zurückfinden zu einem selektiven Nicht-Tun, das an bestimmten Grenzen innehält. Aufgabe der Religionen wäre es, diese Grenzen zu nennen, das Leben im ganzen und im einzelnen durch neue Tabus zu sichern. Daß einzelne christliche Kirchen sowie der Ökumenische Rat die Herstellung, den politischen und militärischen Gebrauch von Massenvernichtungsmitteln atomarer, biologischer oder chemischer Art als Sünde, sogar als die Sünde der Sünden deklarieren, ist eine solche Grenzziehung, eine neue Tabu-Setzung zum Schutze des Lebens auf dieser Erde, zur Bewahrung des Ganzen und seiner noch unentfalteten Schalom-Möglichkeiten.

Doch täuschen wir uns nicht! Die negative Allmacht ist weltweit ein erstrangiger Wirtschaftsfaktor, von dem Abermillionen von Arbeitsplätzen abhängen. Ist, muß man fragen, unsere Wirtschaftsordnung auf die Produktion negativer Allmachtspotentiale vielleicht angewiesen und bräche ohne sie zusammen? Und wir selber, sind wir denn so sicher, daß unsere Arbeit, auch in Kirche oder Schule, nicht unvermerkt zu einem Rädchen der Allmachtsmaschinerie geworden ist? Die extrem gewordene Arbeitsteilung zerbrach und verhindert ja nicht nur unsere Ganzheitlichkeit, sie überfordert längst auch unsere Fähigkeit, die Zusammenhänge zu erkennen, in denen wir leben und arbeiten. Das hat den Abbau von Hemmschwellen und Tabus, damit auch den Aufbau der Allmachts-Technologie ermöglicht.

Ein Zurück gibt es nicht mehr. Die Frage lautet: Wohin jetzt? Zunächst müssen wir dafür sorgen, daß ein Wohin weiterhin möglich bleibt. Wenn das Ganze nicht mehr ist, gibt es auch kein Wohin mehr. Überfordert, erschrocken, fragend stehen wir da: die erste Generation im Besitz einer weltvernichtenden Allmacht!

Mir scheint, daß zumal unsere schweizerischen Kirchen diese Situation noch zu wenig realisiert haben. Sonst wäre das Gebet für den Fortbestand der Menschheit und der Welt längst ein fester liturgischer Bestandteil unserer Gottesdienste geworden. Sonst hätte sich, wo immer es um die Existenz der Menschheit geht, das kirchliche Reden und Handeln längst radikalisiert und die landesübliche Ausgewogenheit hinter sich gelassen. Sonst wäre die Verweiblichung auch der kirchlichen Macht weiter vorangeschritten, hätte sie die Panzer patriarchaler Strukturen und Vorstellungen an mehr Stellen als bisher aufgebrochen, um der immer auch weiblichen Schalom-Macht Gottes zu einem kirchlichen Zeugnis zu verhelfen, auf das auch die Welt hören und schauen kann.

Um des Ganzen willen

Heilige Geistin!
Wandle unseren Sinn,
damit wir nicht bleiben, was wir waren,
damit wir nicht alles tun, was Menschen möglich wäre,
damit wir anfangen, andere zu werden.

Um des Ganzen willen,
das wir aufs Spiel gesetzt haben:
Störe uns auf aus dem Fiebertraum eigener Allmacht!
Heile unseren blinden Wahn
durch Deine Weisheit, den schönen Schalom.
Laß uns endlich wieder gesunden
durch die Liebe zu allem, was lebt.

Atomenergie – jenseits menschlicher Verantwortungsfähigkeit

Ein Glaubensstreit

Ist der Streit um die Atomenergie ein Glaubensstreit? Er ist es. Noch auf lange Zeit hinaus kann er nichts anderes sein. Auch die Befürworter von AKW's können nämlich nur *glauben*, daß die in Reaktoren künstlich erzeugte und an die Umwelt abgegebene Radioaktivität weder demnächst noch unter unsern Kindern und Enkeln weitverbreitete und schwere Gesundheitsschädigungen auslösen wird. Zumal Schädigungen der Erbmasse wirken sich erst im Verlauf von Generationen aus. Noch immer hat man bisher die Gefährlichkeit der radioaktiven Strahlung unterschätzt und deshalb bagatellisiert. Am krassesten wohl zeigt dies das Schicksal jener Leute, die in den fünfziger Jahren an amerikanischen Atombombentests mitwirkten oder ihnen als Zuschauer beiwohnten. Viele von ihnen sind inzwischen an Leukämie gestorben. Gewiß, daraus hat man gelernt. Noch aber wissen wir nicht, welche Strahlenbelastung tolerabel ist, um auch genetische Folgeschäden auszuschließen.

Ebenso können die Befürworter von AKW's nur *glauben*, daß hochaktiver Atommüll während Jahrtausenden geologisch sicher gelagert und von allen nachfolgenden Generationen immer zuverlässig kontrolliert und bewacht werden kann. Hätte der Pharao zur Zeit Moses' (13. Jahrhundert vor Christus) AKW's betrieben, so müßten seine »Endlager« noch heute bewacht und kontrolliert werden! Wenn man sich die geschichtlichen Turbulenzen und geologischen Veränderungen vorstellt, die Ägypten in diesem Zeitraum erlebt hat, so kann man sich nur verwundern ob der Glaubenszuversicht der AKW-Freunde, die mir jede Vernunft und Erfahrung auf irrationalste Weise zu übersteigen scheint.

Stellt sich hier nicht die Frage nach den Grenzen menschlicher Verantwortungsfähigkeit? Geht die Produktion von immer mehr Radioaktivität nicht ein völlig unkalkulierbares Zukunftsrisiko ein? Sicher ist, daß sich die in unseren Organismen inkorporierte Strahlung allmählich akkumulieren wird – mit noch unausdenkbaren Schadenfolgen für die Nachkommen.

Ist es ferner zu verantworten, mit jedem AKW, das 30–40 Jahre läuft, strahlende Abfälle zu produzieren, die noch Zehntausende, ja Hunderttausende von Jahren lebensgefährlich weiterstrahlen?

Fragen über Fragen! Das Verrückte dabei ist: an dem Tage, da wir auf sie statistisch erhärtete und kausal schlüssige Antworten zur Verfügung haben werden, könnte es bereits zu spät und die Katastrophe irreversibel sein. Hierbei habe ich den Normalbetrieb von AKW's vor Augen, den Normalausstoß von Radioaktivität, also nicht eine immerhin ebenfalls möglich bleibende Reaktorkatastrophe. Vorläufig habe ich keinen Anlaß, an der Tüchtigkeit unserer Atom-Ingenieure zu zweifeln und an ihrer Versicherung, die schweizerischen AKW's gehörten zu den sichersten der Welt. Aber technisches Funktionieren ist das eine, die Auswirkung radioaktiver Strahlung auf lebendige Organismen etwas anderes. In dieser »anderen« Perspektive, so scheint mir, spielt die Atomtechnologie mit der Zukunft, vor allem mit derjenigen unserer Nachkommen, russisches Roulette, d. h. sie überschreitet die Grenze dessen, was Menschen vernünftigerweise verantworten können.

Atomenergie und Schöpfung

Enthält aber nicht die Schöpfung selber ebenfalls Radioaktivität? Ist diese somit nicht »natürlich«? Oder christlich gesprochen: eine Gabe des Schöpfers?

Ja, das ist sie. Doch gerade als natürliche, als Element der Schöpfung, erteilt sie einen eindrücklichen Anschauungsunterricht! Auf Gestirnen nämlich, die dieser natürlichen Strahlung schutzlos ausgesetzt sind, kann kein Leben gedeihen. Auf der Erde ist Leben u. a. deswegen möglich geworden, weil der atmosphärische Schutzmantel die Strahlung aus dem Kosmos nur sorgsam dosiert einfallen läßt. Hinzu kommt die Strahlung aus irdischer Materie. Beide Strahlungen halten sich in Grenzen, die organisches Leben zulassen. Auch treffen sie uns von außen her. Was wir mit der Nahrung aufnehmen (hauptsächlich Kalium 40) ist wenig und wird rasch wieder ausgeschieden.

So ist die Erde ein Musterplanet subtiler und lebensfreundlicher Strahlendosierung. Just diese weise Dosierung droht nun aber die künstliche und massenhafte Produktion von Radioaktivität in AKW's aus dem Gleichgewicht zu bringen. Zudem besteht die künstliche – anders als die natürliche! – Radioaktivität aus Strahlungssubstanzen, die, via Nahrungskette in den Körper gelangt, dort gespeichert bleiben (inkorporierte Strahlung) und uns während Jahren, Jahrzehnten und bis in die Gene hinein von innen her weiter bestrahlen, ohne daß wir's merken, allmählich lebenswichtige Zellsysteme zerstörend. »Du kannst es nicht sehen. Du kannst es nicht fühlen. Und es ist niemals vorbei.« (Kathy McCaughin, Harrisburg)

Werden hier nicht – um kurzfristiger Vorteile willen und zu Lasten unserer Nachkommen – Grenzen überschritten, welche die Schöpfung sich selbst gesetzt hat und in denen sich dem christlichen Glauben die lebensfreundliche Weisheit des Schöpfers offenbart?

Gott stieg wieder aus

Gerne weisen AKW-Befürworter darauf hin, in Afrika sei man auf Spuren eines natürlichen Atomreaktors gestoßen, der einmal funktioniert und hierbei auch natürliches Plutonium erzeugt habe. Geologen bestätigten es mir. Allerdings habe sich dieser »Naturreaktor« tief im Erdinnern befunden.

War das, wie AKW-Freunde meinen, des lieben Gottes eigener Atomreaktor und eine Aufforderung an uns, es ihm nachzumachen? Ebenso bildhaft, predigthaft behaupte ich das Gegenteil: Vor Jahrmillionen hat Gott – oder Mutter Erde (feministisch) oder die Natur (agnostisch) – einmal einen Atomreaktor ausprobiert, ist dann aber, erschrocken vielleicht, aus dieser »Technologie« wiederum ausgestiegen, weil er sah, daß es »nicht gut«, d. h. nicht lebensfördernd, sondern lebensgefährdend war. Diesem Beispiel, glaube ich, sollten wir folgen. Wo es um die Zukunft des Lebens geht, darf es auch für uns keinen anderen Sachzwang geben als die Bewahrung uns den Schutz des Lebens, das uns als Leihgabe anvertraut ist, damit wir es, soweit dies in unseren Kräften steht, unbeschädigt an unsere Nachkommen weitergeben. *Ihr* Recht auf Leben muß unserem Wunsch nach unbegrenzter Energieerzeugung mit den erwähnten unberechenbaren Auswirkungen eine Grenze setzen. Darum verstehe ich jene nicht, die mit der Initiative »Ja zum Leben« die Rechte Ungeborener verteidigen, zugleich aber für die Atomenergie sind, deren Langzeitauswirkungen die Lebensrechte *aller* noch Ungeborenen gefährden.

Und siehe, es ist nicht gut!

»Und siehe, es war nicht gut!« mag sich Gott nach seinem Reaktorexperiment gesagt haben. Den Behauptungen gegenüber, die Atomenergie sei »sauber«, muß dementsprechend entgegengehalten werden: sie ist überhaupt nicht sauber, sie produziert im Gegenteil ein hochgefährliches Gift, nämlich das Plutonium! Je nach Größe erzeugt ein Atomreaktor pro Jahr 200 – 500 Pfund Plutonium als Abfallprodukt. Davon gehen ein bis zwei % ständig verloren und geraten außer Kontrolle. An der Luft oxydiert Plutonium sofort und verteilt sich als Schwebestoff (Aerosol), d. h. als allerfeinste Staubpartikel. Ein Millionstel-Gramm erzeugt Lungenkrebs. »Die Menge Plutonium, die Lungenkrebs verursacht, ist so gering, daß sie nicht ermittelt werden kann«, stellte die amerikanische Atomenergie-Kommission fest. Anzunehmen ist, daß viele Lungenkrebstote bereits jetzt Opfer des Plutoniums sind. Noch sicherer ist, daß die Atomindustrie durch dick und dünn jeden Kausalzusammenhang mit ihrer Plutoniumproduktion abstreitet. Im konkreten Fall ist er auch nicht nachzuweisen. Wer an

Lungenkrebs stirbt, hat halt Pech gehabt oder ist selber schuld. Ungerührt wäscht die Atomlobby, wie Pilatus, ihre Hände in Unschuld, propagiert die Atomenergie weiterhin als »saubere« Energie und setzt gleichzeitig zentnerweise eines der gefährlichsten und tödlichsten Gifte in die Welt.

Und siehe, es ist nicht gut!

In der griechischen Mythologie war Pluto, dem das Plutonium seinen Namen verdankt, der Gott zugleich des Reichtums und des Todes. Dazu paßt, daß das Plutonium der »Baustoff« der Atombomben, der Atomsprengköpfe ist. Die zivile ist nicht nur ein Kind, sie bleibt auch ein Komplize der militärischen Atomtechnologie, indem sie für diese Plutonium liefert, das zwar noch bearbeitet werden muß. Aber bisher konnte z. B. niemand garantieren, daß von dem Plutonium, das schweizerischen Brennstäben in La Hague entnommen wird, einiges nicht auch zur Bearbeitung für französische Atomsprengköpfe verwendet wurde. Jetzt soll, wie ich von höchster Stelle hörte, ein Staatsvertrag mit Frankreich ausgehandelt werden, um dies zu verhindern. Jetzt erst! Demnächst wird Frankreich auf unser Plutonium nicht mehr angewiesen sein.

Und siehe, es ist nicht gut! Wo man hinschaut, werden Grenzen überschritten: die Grenzen menschlicher Verantwortungsfähigkeit, die Grenzen des »Gift«-Haushaltes in der Natur und in unseren Körpern, die Grenzen des Anstandes gegenüber künftigen Generationen.

Aufhören, aussteigen also. Noch ist Zeit dazu – wie lange noch?

Der Einstieg, der Ausstieg

Gott, der Du einstiegst
in die Miseren der Welt,
der Du ausstiegst
aus dem Zirkel
von Verblendung, Gewalt und Zerstörung:
erleuchte uns,
bevor wir zerstrahlt sind!
Erbarme Dich,
damit die Erde und wir und die nach uns
nicht unwiderruflich
der eigenen Gier und Erbarmungslosigkeit
zum Opfer fallen.

Unbeirrbarer,
stecke uns an
mit Deiner Leidenschaft
für das Leben.

Bücher von Hanna Wolff im RADIUS-Verlag

Hanna Wolff: Jesus der Mann
Die Gestalt Jesu in tiefenpsychologischer Sicht (200 Seiten)
»Der Leser wird merken, daß in den Geschichten von Jesus mancher Sprengstoff liegt, der erst durch diese Art der Betrachtung wieder wirksam zu werden verspricht ...« (Deutsches Allgemeines Sonntagsblatt)

Hanna Wolff: Jesus als Psychotherapeut
Jesu Menschenbehandlung als Modell moderner Psychotherapie (180 Seiten)
»Ein auch für psychologisch, theologisch, anthropologisch und soziologisch interessierte Laien außerordentlich lesbares und anregendes Buch ...« (Deutsche Presse-Agentur)

Hanna Wolff: Neuer Wein – Alte Schläuche
Das Identitätsproblem des Christentums im Lichte der Tiefenpsychologie (240 Seiten)
»Die Autorin stellt das gängige, geglättete und harmonisierte, verharmloste und verromantisierte Jesusbild ganz gehörig in Frage.« (treff/Zeitung der KAB)

*»Hanna Wolff schreibt gefährliche Bücher. Sie nimmt als Psychotherapeutin Jesus von Nazareth wörtlich ernst. Kirchen und Staaten, Theologie und Psychotherapie müssen sich von der Autorin in gleicher Weise herausgefordert fühlen ...«
Franz Alt im Deutschen Allg. Sonntagsblatt*

*RADIUS-Verlag
Kniebisstraße 29
7000 Stuttgart 1
Tel. 0711/283091*

Kurt Marti im RADIUS-Verlag

Kurt Marti: Lachen – Weinen – Lieben
Ermutigungen zum Leben. 2. Auflage 1986, 128 Seiten, Paperback
»Es ist verblüffend, wie die formal ganz unterschiedlichen Texte dieses Buches durch eine ebenso einfache wie dramaturgisch kunstvolle Gliederung zu größtmöglicher Wirkung kommen ...« (Buchmagazin)
»... Eine Fülle von Ideen fürs persönliche Nachdenken.« (Aufbruch)

Kurt Marti: geduld und revolte
die gedichte am rand. 2. Auflage 1985, 100 Seiten, Paperback
»Marti strebt keine vordergründige Aktualisierung der biblischen Botschaft an. Sein Versuch, das Leben Jesu in einem Zyklus moderner Gedichte wiederzugeben, ist nicht anbetend, sondern fragend ... Er stellt die überkommenen Formeln radikal in Frage, er möchte zu den wesentlichen Aussagen der Evangelien vordringen ...«
(Hannoversche Allgemeine Zeitung)

Kurt Marti: Schöpfungsglaube
Die Ökologie Gottes. 2. Auflage 1985, 100 Seiten, Paperback
»Auch hier gelingt es Marti, Bibeltexte gegen den Strich zu bürsten und durch Verfremdung und Sprachkraft neu zum Reden zu bringen. Wohltuend dabei, daß Marti auf jeden pathetischen und moralisierenden Ton verzichtet ...« (imprimatur)

Kurt Marti: Gottesbefragung
Der 1. Johannesbrief heute. 3. Auflage 1986, 180 Seiten, Pb

Kurt Marti/Ge Gessler: Der Aufstand Gottes gegen die Herren
31 Gedichte und 23 Bilder zum Thema Passion. Bildkommentare von Christian Radecke. Hrsg. von Wolfgang Erk. 94 Seiten, geb.

RADIUS-Verlag · Kniebisstr. 29 · 7000 Stuttgart 1 · Tel. 0711/283091

»… Zitate, die zum Nachdenken, zum Meditieren anregen: Da findet sich ein Fragebogen von Max Frisch zur menschlichen Hoffnung ebenso wie ein Gedanke von Dag Hammarskjöld, ein Kurz-Text von Ernst Bloch ebenso wie ein Wort des Heiligen Augustinus. Gedichte von Goethe und Eichendorff, von Mörike und Rilke verbinden sich auf fast nahtlose Weise mit einem Psalm aus dem Alten Testament oder mit einem Gedicht von Dietrich Bonhoeffer. Alle die hier zusammengestellten, vom 1. Januar bis zum 31. Dezember aufgelisteten Texte sind des Nachdenkens wert. Ihnen fehlt glücklicherweise jedwede Vordergründigkeit, und die Hoffnung, die der Titel dieses niveauvollen Bandes verspricht, muß sich jeder selbst aus den mal längeren, mal kürzeren Zitaten herauslesen.«
(Rhein-Neckar-Zeitung)

Wolfgang Erk (Hrsg.): Hoffnungstexte. Ermutigungen für jeden Tag des Jahres. 240 Seiten, Leinen mit Leseband
RADIUS-Verlag · Kniebisstraße 29 · 7000 Stuttgart 1

Die Zehn Gebote

Eine Reihe mit Gedanken und Texten

Herausgegeben von

Heinrich Albertz

Ein neues, zehnbändiges Werk zu den Zehn Geboten (in der biblischen, nicht der lutherischen Reihenfolge!)

Heinrich Albertz schrieb zum »Programm« dieser Reihe: »Über alle Zehn Gebote hin soll deutlich werden, daß aus dem ›Du sollst‹ und ›Du mußt‹ das ›Du wirst‹ und ›Du kannst‹ werden kann, wenn man die Befreiung des Ersten Gebots, sein königliches Angebot der zuvorkommenden Gnade, erkannt hat …

Der Text nach Exodus 20 – und nicht irgendein Katechismustext – ist unserem Unternehmen zugrunde gelegt worden … Dies alles verwirrt, nicht nur äußerlich, die Zählweise. Es soll, meine ich, verwirren. Es könnte dazu helfen, den alten Katechismustext in eine neue Sprache zu übersetzen, ihn der gutbürgerlichen Sofamoral zu entreißen, die im wesentlichen darauf aus ist, alles beim alten zu lassen und die Sklaven aller Art ruhig zu halten. Wir sollten nicht nachlassen, die Herren dieser Welt als Sklavengötter zu erkennen und Ihm, dem Gott des Ersten Gebotes, Ihm ›allein‹ zu dienen.«

Erscheinungsweise dieser Bände:
Band 1: 1985; Bände 2, 3 und 4: 1986; Bände 5, 6, und 7: 1987; Bände 8, 9 und 10: 1988 – jeweils im Frühjahr, Sommer und Herbst.

Je Band ca. 120 Seiten, Paperback. Verbilligte Fortsetzungspreise bei Abnahme des Gesamtwerks!

RADIUS-Verlag

Kniebisstr. 29 · 7000 Stuttgart 1

RADIUS

Die Kulturzeitschrift zum Weiter-Denken

»Kulturzeitschrift« – das bedeutet nicht etwa Theaterberichte und Konzertkritiken; zugrunde liegt vielmehr der angelsächsische Kulturbegriff. Im Deutschen läßt er sich vielleicht am besten durch das Wort »Zivilisation« wiedergeben. Kirche und Gesellschaft, Wissenschaft und Bildung, Politik und Kunst finden hier ihren Platz.
Wer seine Leser zum »Weiter-Denken« anregen will wie die Zeitschrift RADIUS, muß auch komplizierte Zusammenhänge verständlich machen können. Er muß auf der Höhe der Zeit sein. Er darf nicht einer Ideologie verfallen, sondern muß auch gegensätzliche Meinungen zulassen. Er darf es aber auch nicht bei purer Information bewenden lassen: Orientierung sollte das Ziel heißen.
Um all dies bemüht sich der RADIUS. Er greift in jedem Heft ein Thema auf, das die Gegenwart prägt und das auch im persönlichen Leben des einzelnen wichtig ist. Er beschäftigt Autoren von Rang, und da selbst die treffendsten Worte nicht alles zu sagen vermögen, räumt er der Fotografie breiten Raum ein. Exzellente Schwarzweißaufnahmen vertiefen die Themen und regen zum Meditieren an.

Neugierig geworden? Wir senden Ihnen gern ein kostenloses Probeheft unserer Vierteljahres-Zeitschrift zu! Schreiben Sie uns: RADIUS-Verlag, Kniebisstr. 29, 7000 Stuttgart 1